Walace Soares

# Programação Web com PHP 5

**1ª Edição**

Av. das Nações Unidas, 7221, 1º Andar, Setor B
Pinheiros – São Paulo – SP – CEP: 05425-902

**SAC**
0800-0117875
De 2ª a 6ª, das 8h00 às 18h00
www.editorasaraiva.com.br/contato

**DADOS INTERNACIONAIS DE CATALOGAÇÃO NA PUBLICAÇÃO (CIP)**
**CÂMARA BRASILEIRA DO LIVRO, SP, BRASIL**

Soares, Walace
Programação Web com PHP 5 / Walace Soares. --
1. ed. -- São Paulo : Érica, 2014

Bibliografia
978-85-365-0772-9

1. PHP (Linguagem de programação para computadores)
2. Web sites - Desenvolvimento
I. Título.

14-03189     CDD-005.133

Índices para catálogo sistemático:
1. PHP : Linguagem de programação :
Computadores : Processamento de dados   005.133

Copyright © 2014 da Editora Érica Ltda.
Todos os direitos reservados.

| | |
|---|---|
| **Diretora executiva** | Flávia Alves Bravin |
| **Gerente executiva editorial** | Renata Pascual Müller |
| **Gerente editorial** | Rita de Cássia S. Puoço |
| **Editora de aquisições** | Rosana Ap. Alves dos Santos |
| **Editoras** | Paula Hercy Cardoso Craveiro |
| | Silvia Campos Ferreira |
| **Assistente editorial** | Rafael Henrique Lima Fulanetti |
| **Produtores editoriais** | Camilla Felix Cianelli Chaves |
| | Laudemir Marinho dos Santos |
| **Serviços editoriais** | Juliana Bojczuk Fermino |
| | Kelli Priscila Pinto |
| | Marília Cordeiro |
| **Coordenação** | André Evandro Lourenço |
| | Ecivaldo de Souza Matos |
| **Preparação** | Magda Carlos |
| **Diagramação** | Villa d'Artes Soluções Gráficas |
| **Capa** | Maurício S. de França |
| **Impressão e acabamento** | Forma Certa |

**1ª edição**
3ª tiragem: 2019

Nenhuma parte desta publicação poderá ser reproduzida por qualquer meio ou forma sem a prévia autorização da Saraiva Educação. A violação dos direitos autorais é crime estabelecido na lei nº 9.610/98 e punido pelo artigo 184 do Código Penal.

CO 15559    CL 640543    CAE 585530

# Agradecimento

Agradeço a todos os envolvidos no processo de desenvolvimento deste livro, e principalmente à minha família, por sua compreensão e apoio.

# Sobre o autor

Walace Soares é capixaba de Vila Velha - ES, casado, pai de duas filhas e dedica-se ao desenvolvimento de sistemas web com PHP. Trabalha desde 1987 com tecnologia, principalmente com desenvolvimento de sistemas, e já atuou em vários segmentos de mercado (indústria, comércio e serviços). Atualmente mora e trabalha no Espírito Santo, e tem como foco o desenvolvimento de aplicações web em PHP voltado para o segmento da educação.

# Sumário

**Capítulo 1 - Internet** ............................................................................................. 11
    1.1 A internet ............................................................................................................ 11
    1.2 W3C - World Wide Web Consortium ............................................................. 12
    1.3 Definições ............................................................................................................ 13
    1.4 Segurança ............................................................................................................ 14
    1.5 Organização hierárquica de sites ..................................................................... 15
    Agora é com você! ..................................................................................................... 16

**Capítulo 2 - HTML** ................................................................................................ 17
    2.1 Um pouco de história ........................................................................................ 17
    2.2 Sintaxe .................................................................................................................. 18
    2.3 Utilizando marcadores ....................................................................................... 19
    2.4 Links, imagens e sons ........................................................................................ 20
    Agora é com você! ..................................................................................................... 22

**Capítulo 3 - CSS** .................................................................................................... 23
    3.1 Definição e sintaxe ............................................................................................. 23
    3.2 Integração com HTML ...................................................................................... 26
    3.3 Propriedades tipográficas e fontes ................................................................... 27
    3.4 Alinhamento e decoração de textos ................................................................. 28
    3.5 Fundo e imagem de fundo ................................................................................ 29
    3.6 Bordas .................................................................................................................. 30
    3.7 Cascata e herança ............................................................................................... 30
    Agora é com você! ..................................................................................................... 32

**Capítulo 4 - Linguagem JavaScript** .................................................................... 33
    4.1 Conceitos e definições ....................................................................................... 33
    4.2 Integração com HTML ...................................................................................... 34
    4.3 Elementos da linguagem ................................................................................... 35
        4.3.1 Interação com o usuário ........................................................................... 35
        4.3.2 Variáveis ..................................................................................................... 36
        4.3.3 Atributos ..................................................................................................... 37
        4.3.4 Métodos ...................................................................................................... 37
        4.3.5 Operadores ................................................................................................. 39
        4.3.6 Estruturas de controle .............................................................................. 39
    4.4 Funções ................................................................................................................ 40
    4.5 Validação de formulários .................................................................................. 42
    Agora é com você! ..................................................................................................... 46

## Capítulo 5 - Conceitos Básicos de Banco de Dados ........ 47
### 5.1 Conceito de banco de dados ........ 47
#### 5.1.1 Controle de unicidade ........ 49
#### 5.1.2 Controle de redundância ........ 49
#### 5.1.3 Integridade ........ 49
### 5.2 SQL ........ 49
#### 5.2.1 DML - Linguagem de Manipulação de Dados ........ 50
#### 5.2.2 DDL - Linguagem de Definição de Dados ........ 50
#### 5.2.3 DCL - Linguagem de Controle de Dados ........ 51
#### 5.2.4 DTL - Linguagem de Transação de Dados ........ 51
### 5.3 Noções gerais dos comandos SQL ........ 51
#### 5.3.1 Criando um banco de dados e suas tabelas ........ 51
#### 5.3.2 Comandos para manipulação de dados ........ 52
#### 5.3.3 Comandos para consulta de dados no banco de dados ........ 54
### Agora é com você! ........ 56

## Capítulo 6 - MySQL e PHPMyAdmin ........ 57
### 6.1 O que é MySQL? ........ 57
### 6.2 Baixando e instalando o MySQL ........ 58
### 6.3 PHPMyAdmin ........ 58
### Agora é com você! ........ 60

## Capítulo 7 - Instalação de Servidor ........ 61
### 7.1 Aplicações cliente/servidor ........ 61
### 7.2 Servidor HTTP ........ 62
### 7.3 Arquitetura PHP ........ 64
### Agora é com você! ........ 64

## Capítulo 8 - Linguagem PHP ........ 65
### 8.1 O que é PHP ........ 65
### 8.2 Sintaxe básica ........ 66
#### 8.2.1 Comentários ........ 66
#### 8.2.2 Variáveis ........ 67
#### 8.2.3 Constantes ........ 70
#### 8.2.4 Variáveis predefinidas e superglobais ........ 71
#### 8.2.5 Escopo ........ 72
#### 8.2.6 Variáveis dinâmicas ........ 73
#### 8.2.7 Envio de dados para o browser ........ 74
### 8.3 Operadores ........ 76
#### 8.3.1 Operadores aritméticos ........ 76

8.3.2 Operadores de atribuição......................................................................................76

8.3.3 Operadores bitwise.............................................................................................77

8.3.4 Operadores de comparação ................................................................................77

8.3.5 Operadores lógicos .............................................................................................78

8.3.6 Operadores de incremento/decremento ..............................................................78

8.3.7 Operador de strings (textos) ...............................................................................79

8.3.8 Precedência........................................................................................................79

8.4 Estruturas de controle...................................................................................................80

8.4.1 if..elseif..else.......................................................................................................80

8.4.2 while e do..while .................................................................................................81

8.4.3 for .......................................................................................................................82

8.4.4 Foreach ...............................................................................................................83

8.4.5 Switch..................................................................................................................84

8.4.6 Break ...................................................................................................................85

8.4.7 Continue..............................................................................................................86

8.4.8 Include, include_once, require, require_once .....................................................86

8.5 Reaproveitamento de códigos: funções........................................................................87

8.6 Processamento de formulários .....................................................................................90

8.7 Manipulação e geração de arquivos-texto e binários ...................................................97

8.7.1 Arquivos-texto.....................................................................................................97

8.7.2 Arquivos binários................................................................................................99

8.8 Geração de imagens...................................................................................................102

8.8.1 Criação de uma imagem ...................................................................................103

8.8.2 Manipulação de uma imagem ...........................................................................104

8.8.3 Exibir, salvar uma imagem ...............................................................................111

8.9 Integração e manipulação de base de dados MySQL.................................................112

8.9.1 Conexão ao banco de dados MySQL.................................................................113

8.9.2 Execução de comandos SQL.............................................................................114

8.9.3 Exemplo prático ................................................................................................116

Agora é com você!............................................................................................................117

# Capítulo 9 - Estudos de Caso ................................................................. 119

9.1 Cadastro de clientes....................................................................................................119

9.2 Controle de finanças...................................................................................................132

9.3 Estoque.......................................................................................................................135

Agora é com você!............................................................................................................157

# Bibliografia ................................................................................................. 159

# Apresentação

A internet dos dias atuais é muito diferente daquela de 5 ou 10 anos atrás. Não há como pensar na internet sem visualizar websites dinâmicos, com várias funcionalidades, geralmente conectados a um ou mais bancos de dados. É para esse tipo de website que o PHP foi feito. O PHP em sua versão mais recente é capaz de construir do website mais simples ao mais complexo, pois possui uma série de ferramentas que possibilitam a manipulação de páginas HTML, arquivos de imagens, PDF, conexão a quase todos os bancos de dados disponíveis no mercado (senão todos), gerenciamento de e-mails etc.

Este livro mostra como utilizar o PHP para a construção de websites dinâmicos, qualquer que seja o seu objetivo, desde uma loja virtual até um sistema de gestão empresarial.

Começamos com a conceituação da internet e a web, seus termos técnicos e conceitos. Em seguida temos os fundamentos da programação para a web. Aqui falamos de HTML, sua sintaxe e como construir páginas da web. Apresentamos também o conceito de folhas de estilo (CSS) e como utilizar essa ferramenta para a construção de websites profissionais. Por fim, apresentamos o Javascript, uma excelente linguagem para o desenvolvimento de website dinâmicos que disponibiliza recursos indispensáveis para os programadores de sistemas voltados à web.

Temos, ainda, dois capítulos sobre banco de dados. Primeiramente, apresentamos os conceitos e sintaxe da SQL, linguagem padrão para acesso a bancos de dados. Em seguida, é falado sobre o MySQL, banco de dados mais popular do mundo, e mostramos onde encontrá-lo e como instalá-lo. A seguir, comentamos sobre a ferramenta PHPMyAdmin, a qual disponibiliza uma interface prática e intuitiva para o gerenciamento do MySQL, disponibilizando as funções mais importantes tais como criação de um banco de dados, criação e gerenciamento de tabelas, inclusão, alteração e exclusão de dados e consulta dos dados existentes. Escrita em PHP e acessível via browser, é uma ferramenta indispensável para o gerenciamento do MySQL.

Finalmente, mostramos a utilização do PHP. Começamos com o conceito de servidores web, do Servidor Apache e a arquitetura do PHP utilizada neste servidor. Depois apresentamos o PHP, seus conceitos, integração com HTML e sintaxe dos principais comandos. Além disso, trabalhamos com imagens, arquivos e a integração do PHP com o banco de dados MySQL. Para finalizar, temos a parte prática, onde utilizamos tudo o que conhecemos para gerar aplicações web de verdade, são três casos de estudo cada um com suas características próprias.

Todos os capítulos trazem exercícios de fixação e, sempre que necessário, disponibilizamos dicas e como obter informações adicionais sobre o assunto estudado.

Boa leitura!

O autor

# Internet

## Para começar

Começaremos nosso estudo aprendendo sobre o que é a internet, quais são suas utilidades e usos. Aprenderemos, também, sobre termos comuns do mundo da internet.

## 1.1 A internet

A internet reúne um gigantesco conglomerado de redes de computadores por todo o mundo. A interligação é realizada pelo protocolo de comunicação TCP/IP que possibilita a troca de dados e informações.

É pela internet que temos acesso à web (World Wide Web - Rede de Alcance Mundial), mas acessamos também o correio eletrônico (e-mail), serviços de mensagens instantâneas, compartilhamento de arquivos, multimídia e outros.

A internet surgiu na área militar por meio da ARPANet, iniciativa do Departamento de Defesa dos Estados Unidos. A ARPANet (Advanced Research Projects Agency Network) surgiu em 1969 e tinha como objetivo interligar as bases militares e os departamentos de pesquisa do Governo Americano. Em 1988, a rede foi aberta para o uso comercial e logo começaram a surgir aplicações que faziam proveito desta estrutura.

Na década de 1990 a rede se popularizou, atraindo universidades, institutos de pesquisa e empresas.

A web começou a se desenvolver em 1989, como uma iniciativa do CERN (Organização Europeia para a Investigação Nuclear). Era um projeto de hipertexto que possibilitava que várias pessoas trabalhassem em conjunto, combinando e compartilhando seus conhecimentos em uma rede de documentos.

A internet disponibiliza, por meio dos milhares (senão milhões) de servidores distribuídos pelo mundo, uma quantidade enorme de documentos, quer sejam textos, gráficos, sons, vídeos e outros que formam juntos a web. Para que as pessoas acessem essa rede é necessário apenas um computador conectado à internet e um browser ou navegador para processar os documentos disponibilizados na web.

## 1.2 W3C - World Wide Web Consortium

O Consórcio da Rede de Alcance Mundial (ou World Wide Web Consortium) é uma comunidade internacional que desenvolve padrões para a web, garantindo, assim, seu crescimento.

Tendo como missão "Conduzir a web a seu potencial máximo", o W3C desenvolve especificações técnicas e orientações que são recomendadas para a comunidade de desenvolvedores. Os seguintes grupos de padrões são desenvolvidos e recomendados pelo W3C:

### Web design e aplicações

Padrões para o desenvolvimento de páginas web, incluindo HTML, CSS, Ajax e outros. Trata ainda de acessibilidade, internacionalização e padrões para dispositivos móveis.

### Arquitetura web

Aqui temos as recomendações para a estrutura básica da web, entre as quais o HTTP.

### Web semântica

O objetivo da web semântica é recomendar padrões para o acesso a dados interligados, incluindo a busca em bancos de dados. Por meio da web semântica, as pessoas terão condições de criar repositórios de dados na web e disponibilizar vocabulários e regras para integração destas bases de dados.

### Tecnologia XML

Os padrões para XML, XSLT, XQUERY, XML Schema e outros são tratados neste grupo.

### Web services

O foco de web services ou serviços pela web são os padrões para projetos de comunicação entre aplicações na web. As tecnologias envolvidas aqui são HTTP, XML, SOAP, WDSL e outras.

## Web de dispositivos

Aqui o foco do W3C está nas tecnologias que tornam possível o acesso à web a qualquer tempo e em qualquer dispositivo, o que inclui os padrões para smarthphones, tablets, impressoras, televisores smart, e quaisquer outros dispositivos que interajam na web.

## Navegadores e ferramentas de autoria

Neste tópico, o objetivo é recomendar para os desenvolvedores de aplicativos para a navegação na web (browsers ou navegadores), ferramentas de autoria (para publicação de conteúdo na web), bem como robôs de buscas.

## 1.3 Definições

A internet e a web apresentam uma infinidade de termos técnicos, e, muitas vezes, as pessoas ficam confusas com tantas siglas e termos desconhecidos. A seguir temos uma lista (não exaustiva) dos principais termos que permeiam este maravilhoso universo.

## Browser

Browser ou Navegador é um aplicativo que interage com a web, recebendo e enviando dados, além de interpretar as páginas formatadas no padrão HTML exibindo-as para os usuários. São capazes ainda de executar códigos na máquinas dos usuários (geralmente escritos em Javascript), além de exibir sons, vídeos e integrar com aplicativos de terceiros (Java e Flash, por exemplo).

## IP

IP ou Internet Protocol (Protocolo de Internet) é o endereço que cada dispositivo (computador, tablet, smartphone etc..) recebe ao se conectar a uma rede local, corporativa ou pública. Cada equipamento conectado à internet recebe um endereço IP único e é por meio deste endereço que os equipamentos se comunicam. O formato utilizado atualmente é o IPv4 ou IP versão 4. Nesta versão, o endereço é formatado por um número de 32 bits, ou seja, 4 bytes. Ao invés de apresentar o endereço IPv4 como um único valor, o padrão utilizado para representá-lo é mostrar o IPv4 em 4 campos de 8 bits ou octetos. Cada octeto é convertido para a base decimal, variando de 0 a 255. O formato final, amplamente conhecido, é xxx.xxx.xxx.xxx (por exemplo 192.168.1.151). O IPv4 tem capacidade teórica de quatro bilhões de endereços (na prática, temos menos da metade deste valor). A sua capacidade de endereçamento está esgotada. Como este fato é conhecido há muito tempo, as entidades e empresas responsáveis pelas regras de endereçamento na internet desenvolveram a versão 6 do IP ou simplesmente IPv6. O IPv6 é formado por 128 bits, divididos em 8 grupos de 16 bits cada um, sendo que cada grupo é representado na base 16 ou base hexadecimal. Um exemplo de um endereço IPv6 é 2001:0DB8:0000:0000:130F:0000:0000:140B. A capacidade de endereçamento do IPv6 é de 340 unidecilhões de endereços ou 79 octilhões (7,9×1028) de vezes a quantidade de endereços IPv4.

Internet

### Domínio

Domínio é um nome que serve para identificar um computador ou conjunto de computadores na rede. O objetivo do domínio é facilitar a memorização de endereços, possibilitando que os usuários (principalmente da internet) possam acessar websites por meio de nomes em vez de endereços IP (é muito melhor lembrar-se de www.editoraerica.com.br do que 186.192.129.208). Para que um domínio seja utilizado, é necessário o seu registro (no Brasil quem cuida dos registros é o site www.registro.br) e a especificação de um DNS (Domain Name System - Sistema de Nomes de Domínios) para que o nome do domínio seja resolvido (transformado para o endereço IP correspondente).

### FTP

FTP ou File Transfer Protocol (Protocolo de Transferência de Arquivos) é uma forma bastante rápida e versátil de transferir arquivos entre computadores ligados em rede. Pode-se transferir qualquer tipo de arquivo pelo FTP, com garantia de integridade dos dados trocados.

## 1.4 Segurança

A internet e a web eliminaram as fronteiras da comunicação, do conhecimento e do comércio, facilitando a nossa vida do dia a dia (acessar o bankline, fazer compras, pagar contas, fazer trabalhos escolares etc.). Mas infelizmente trouxe também vários perigos (roubo de identidade, desvio de dinheiro em contas bancárias, pornografia etc.). É muito importante que estejamos atentos ao assunto da segurança, quer seja em nossos computadores domésticos, na escola, na empresa e mesmo nos sistemas que venhamos a desenvolver.

Neste ambiente surgem muitos termos tais como vírus, firewall, phishing, spam etc.

Vírus são programas de computador com objetivos maliciosos, tais como destruir dados no disco rígido, roubar dados, inutilizar sistemas. Sua principal característica é sua capacidade de replicação, disseminando-se rapidamente. Geralmente o combate aos vírus é realizado por programas chamados de antivírus.

Outra maneira de proteger um computador ou uma rede de computadores é com a utilização de firewalls. Um firewall (parede de fogo) funciona como uma barreira de proteção contra programas maliciosos, bloqueando-os sem impedir que os demais dados trafeguem normalmente na rede. Os firewalls, tanto domésticos quanto corporativos, protegem a integridade dos dados e a sua confidencialidade. Os sistemas operacionais da atualidade disponibilizam programas de firewall para seus usuários, mas é comum vermos, em empresas, computadores dedicados exclusivamente a esta tarefa. Existem firewalls tanto na forma de softwares (programas) quanto na forma de hardware exclusivos para este fim (na verdade, uma combinação de software e hardware).

Outro problema enfrentado na sociedade moderna e altamente tecnológica são os SPAMS, mensagens eletrônicas enviadas em massa e sem o consentimento dos usuários que recebem a mensagem. Estas mensagens estão associadas à propaganda de produtos e serviços e são encaminhadas em massa pela internet, superlotando caixas de correio eletrônico por todo o mundo. Os SPAMS são classificados nos seguintes tipos: boatos, correntes (financeiras ou de oração, por exemplo), propagandas, golpes (scam), estelionato (phishing) ofensivos, maliciosos (vírus, cavalos de troia etc.). Para tentar contornar isso, os provedores de e-mail instalam ferramentas conhecidas como anti-spam, que tentam filtrar e categorizar as mensagens e seus originadores, bloqueando as mensagens caracterizadas como SPAM.

Na categoria SPAM, o avanço das tentativas de estelionato é assustador. Neste tipo específico de SPAM, conhecido como phishing, o usuário recebe uma mensagem que tenta se passar por uma mensagem legítima de uma corporação conhecida, na maioria das vezes um banco ou uma grande corporação (aviação, comércio etc.). A mensagem contém um link ou um formulário que, simulando a página original da empresa referenciada, tem por objetivo roubar o máximo de informações possíveis do usuário. Estas informações são então repassadas a um criminoso ou grupo criminoso para que o estelionato seja consumado.

> **Amplie seus conhecimentos**
>
> O cert.br (Centro de Estudos, Resposta e Tratamento de Incidentes de Segurança no Brasil) disponibiliza uma cartilha sobre segurança na internet (http://cartilha.cert.br). Vale a pena consultar!

## 1.5 Organização hierárquica de sites

Em qualquer aplicação web é importante que as informações estejam agrupadas por assunto, facilitando o acesso dos usuários. A hierarquia de navegação utilizando a divisão do site em camadas de páginas e menus de acesso é o ideal para conteúdo on-line e hipertextos.

A utilização de hierarquia facilita a vida dos usuários, pois eles sempre sabem em que ponto da estrutura estão, o que possibilita um rápido acesso a qualquer parte do sistema.

O modelo de hierarquia começa com uma página principal, chamada de home-page e a partir desta página o usuário tem acesso a todo o website, inclusive podemos segmentar o acesso à parte pública e de acesso restrito (somente disponível para usuários cadastrados e habilitados).

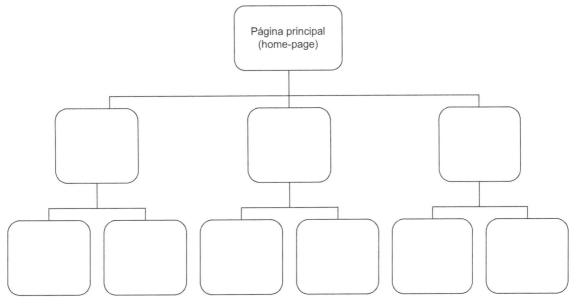

Figura 1.1 - Organização Hierárquica.

A disponibilização de um sistema de menu para acesso a qualquer parte do website completa a estrutura. Os menus possibilitam que o usuário navegue por todas as páginas e retorne à página principal sempre que desejado.

### Vamos recapitular?

Este primeiro capítulo tratou dos conceitos básicos de internet e web. Além disso, falamos sobre o W3C (World Wide Web Consortium), termos comuns na internet, conceitos de segurança e hierarquia de sites.

### Agora é com você!

1) Qual o papel do W3C no mundo virtual?

2) Explique o que é o IP.

3) Qual o objetivo de um firewall?

# HTML

**Para começar**

Neste capítulo trataremos do HTML, descobriremos como funciona e qual sua estrutura.

## 2.1 Um pouco de história

HTML é um acrônimo para Hyper Text Markup Language ou Linguagem de Marcação de Hipertexto. HTML é uma linguagem utilizada para produzir páginas web. Essas páginas são interpretadas pelos navegadores (browsers), que exibem o resultado para os navegantes da web.

A versão inicial do HTML foi criada pelo físico britânico Tim Berners-Lee, e sua primeira versão oficial publicada em 1991. As especificações HTML são mantidas pelo W3C (World Wide Web Consortium) desde 1996. A tabela a seguir mostra a evolução das versões do HTML.

Tabela 2.1 - Versões HTML (www.w3schools.com/html/html_intro.asp)

| Versão | Ano |
|---|---|
| HTML | 1991 |
| HTML+ | 1993 |
| HTML 2.0 | 1995 |
| HTML 3.2 | 1997 |
| HTML 4.01 | 1999 |
| XHTML | 2000 |
| HTML5 | 2012 |

A estrutura básica de um documento HTML é composta por uma declaração do tipo de documento, um marcador de início do documento, vários marcadores de definição do documento e um marcador de fechamento do documento.

```
<!DOCTYPE html>
<html>
   <head>
      <title>Título da página</title>
   </head>
   <body>
      <p>Informações da página</p>
      <div>Mais informações</p>
   </body>
</html>
```

Nesse documento HTML temos que <!DOCTYPE html> define que esse é um documento HTML (esse é o padrão para a versão HTML 5.0), o marcador <html> define o início do documento e </html> o fim do documento. Tudo o que estiver entre esses dois marcadores é considerado parte do documento. O marcador <body> define o conteúdo visível do documento (o que será mostrado ao navegante) e o marcador </body> define o fim do conteúdo. O marcador <head> define o início do cabeçalho do documento, que conterá as instruções internas para o navegador. É aqui que informamos o título da página web, as folhas de estilo que utilizaremos (CSS) e os códigos ou arquivos JavaScript que serão usados no processamento da página. O marcador </head> define o fim do cabeçalho.

## 2.2 Sintaxe

As tags ou etiquetas são os marcadores para processamento do documento HTML. Esses marcadores são elementos da linguagem HTML e definem o seu comportamento. Alguns desses marcadores devem aparecer sempre no documento, enquanto outros podem ser utilizados conforme a sua necessidade.

A sintaxe básica de um marcador é:

```
<marcador [propriedades]> [conteúdo] [</marcador>]
```

Em geral os marcadores precisam ser abertos e fechados, porém existem alguns marcadores que dispensam o fechamento, pois não têm conteúdo, como o marcador para salto de linha <br>.

As propriedades, quando presentes, definem o comportamento do marcador.

Os marcadores <html>, <head> e <body> devem estar presentes no documento (apesar de os navegadores conseguirem processar o documento mesmo sem esses marcadores, é altamente recomendável que estejam sempre presentes e na ordem correta).

**Fique de olho!**

Apesar de o HTML aceitar marcadores em maiúsculas ou minúsculas ou uma combinação de ambos os formatos (HTML não diferencia maiúsculas de minúsculas), é altamente recomendável (recomendação feita pelo W3C) que marcadores e suas propriedades sejam sempre escritos em caixa-baixa (minúsculas).

Sempre que definir um atributo de um marcador, deixe seu conteúdo entre aspas, por exemplo <p id="id001">

## 2.3 Utilizando marcadores

O HTML dispõe de um grande número de etiquetas ou marcadores para o correto processamento da página web por parte do navegador. Veja na lista a seguir alguns dos marcadores muito utilizados:

| Marcador | Descrição |
|---|---|
| `<table></table>` | Definição de uma tabela |
| `<tr></tr>` | Linha da tabela |
| `<td></td>` | Coluna da tabela |
| `<th></th>` | Coluna do tipo cabeçalho |
| `<br>` | Salto de linha |
| `<p></p>` | Parágrafo |
| `<div></div>` | Divisão |
| `<img>` | Imagem |
| `<a></a>` | Link ou hiperligação para outro documento |
| `<form></form>` | Formulário |
| `<input></input>` | Campo do formulário |
| `<script></script>` | Código para processamento local, em geral JavaScript |
| `<style></style>` | Folha de estilo (CSS) |
| `<iframe></iframe>` | Janela cujo conteúdo é outro documento HTML (outra página) |

Cada um desses marcadores tem propriedades gerais, ou seja, comuns a todos os elementos da linguagem HTML; e propriedades específicas. Alguns elementos, apesar de herdarem as propriedades gerais, não necessitam de propriedades, tal como o marcador <br>, que define um salto de linha. Vejamos um exemplo:

```html
<html>
    <head>
        <title>Programação WEB - PHP</title>
        <script src="validaform.js"></script>
        <style>
        body {font-family: Verdana;font-size:1.5em;color:Navy;}
        th {color:white;background-color:blue;border:1px solid #b0b0b0;padding:5px;}
        td {border:1px solid #b0b0b0;padding-left:5px;padding-right:5px;background-color:white;}
        </style>
    </head>
    <body>
        <div style="border:1px solid #c0c0c0;padding:25px;background-color:#D2E9FF;">
            <p style="color:red;">Tabela de Preços</p>
            <table width="400" style="border:1px solid #b0b0b0;
                        border-collapse:collapse;padding-left:5px;">
                <tr>
                    <th style="text-align:left">Produto</th>
                    <th style="text-align:right">Preço</th>
                </tr>
                <tr>
                    <td>Produto 1</td>
                    <td style="text-align:right">R$ 1,99</td>
                </tr>
```

```
            <tr>
                <td>Produto 2</td>
                <td style="text-align:right">R$ 8,99</td>
            </tr>
            <tr>
                <td>Produto 3</td>
                <td style="text-align:right">R$ 101,49</td>
            </tr>
        </table>
    </div>
    </body>
</html>
```

O resultado no browser (navegador) será algo como o apresentado na Figura 2.1:

**Tabela de Preços**

| Produto | Preço |
|---|---:|
| Produto 1 | R$ 1,99 |
| Produto 2 | R$ 8,99 |
| Produto 3 | R$ 101,49 |

Figura 2.1 - Página HTML de exemplo.

## 2.4 Links, imagens e sons

A linguagem HTML é muito flexível e poderosa. Ela possibilita, por exemplo, que um documento faça referência a outros documentos HTML, imagens e vários outros tipos de mídia (sons, filmes etc.).

A ligação com outros documentos é feita com o marcador <a>. Nesse marcador criamos uma ligação com um documento externo (em qualquer lugar da web). Dessa maneira, quando o usuário clica nesse marcador, o browser é direcionado para o documento referenciado.

```
<a href="www.w3c.org.br" >w3c-World Wide Web Consortium website</a>
```

A exibição de imagens em página HTML pode ser feita com o marcador <img>, sendo possível também referenciarmos uma imagem de fundo pela propriedade background-image do CSS (veremos mais sobre CSS no próximo Capítulo 3).

```
<img src="imagem1.png" border=0>
<div style="background-image:url('meusite.com.br/imagens/imagem2.png');"></div>
```

**Amplie seus conhecimentos**

É possível mapear uma imagem e transformar partes dela em elementos de referência para outros documentos HTML. Isso é possível com o marcador <map>. Veja como ele funciona em: www.w3schools.com/tags/tag_map.asp.

A inserção de sons, vídeos, arquivos flash e outras mídias é possível com o marcador <object>. Esse marcador possibilita a inclusão da mídia e, quando disponível, sua parametrização. Sua sintaxe básica é:

```
<object data="url_midia" [ height="altura" width="largura" ] >
   [ <param name="nome" value="valor">
   ...
   <param name="nome" value="valor">]
</object>
```

Os parâmetros são opcionais e utilizados principalmente em arquivos flash para configurar como a mídia será exibida, além dos demais controles.

```
<html>
   <head>
      <title>Programação WEB - PHP</title>
   </head>
   <body>
      <object data="som1.mp3" height="400" width="400"></object>
   </body>
<.html>
```

**Fique de olho!**
Para esconder o objeto, basta informar height="0" e width="0".

Outra opção é utilizar o marcador <embed>, apresentado na Figura 2.2. Esse marcador, utilizado principalmente para vídeos e sons, disponibiliza alguns controles não existentes no marcador <object>, porém não funciona com Internet Explorer (nesse browser podemos utilizar o marcador <bgsound> para sons). Sua sintaxe é:

```
<embed src="arquivo" [ width="largura" height="altura" loop="repetição(-1: Não repetir)"
                      hidden="true/false" ]>
```

O atributo src define o arquivo que será executado, por exemplo, meusom1.mp3. Já os atributos height e width definem a altura e a largura do controle que será exibido.

O atributo loop define o modo de repetição, sendo que -1 informa que não haverá repetição e infinite informa que a repetição será infinita (enquanto a página estiver sendo exibida).

Finalmente, o atributo hidden define se o controle será visível (false) ou não (true).

```
<html>
   <head>
      <title>Programação WEB - PHP</title>
   </head>
   <body>
      <embed src="som1.mp3" hidden="false" loop="-1">
   </body>
</html>
```

Figura 2.2 - Exemplo de uso do marcador <embed>.

**Amplie seus conhecimentos**

A versão 5 do HTML disponibiliza os marcadores <audio> e <video> para inclusão de mídias em um documento HTML. Para mais informações, veja: www.w3schools.com/tags/tag_audio.asp e www.w3schools.com/tags/tag_video.asp.

Incluir vídeos do YouTube também é simples: basta ir ao YouTube, escolher o vídeo desejado e clicar na opção compartilhar, em seguida clicar na opção incorporar. Você obterá um código HTML parecido com:

```
<iframe width="560" height="315" src="//www.youtube.com/embed/codigovideo" frameborder="0" allowfullscreen></iframe>
```

Basta, então, incluir esse código no seu documento HTML.

## Vamos recapitular?

Este capítulo apresentou o HTML, linguagem de marcação de hipertexto, sua definição, estrutura e sintaxe. Além disso, vimos como criar páginas HTML e como incluir links, imagens, sons, vídeos e arquivos flash no documento HTML.

## Agora é com você!

1) Qual a função do marcador <table>?

2) Dê exemplos de marcadores que não precisam ser fechados.

3) Descreva como incluir um arquivo mp3 utilizando o marcador <embed>, sendo que o nome do arquivo é som.mp3, os controles não devem ser exibidos e o arquivo deverá ser executado 5 vezes.

# CSS

**Para começar**

Trataremos neste capítulo de CSS ou folhas de estilo. Iniciaremos com as definições e em seguida mostraremos sua estrutura e utilização.

## 3.1 Definição e sintaxe

CSS (Cascading Style Sheets) ou Folhas de Estilo é uma poderosa ferramenta para tornar a experiência dos usuários mais interessante e prazerosa ao utilizar o site. A utilização de CSS possibilita o desenvolvimento de sites harmoniosos, pois pode-se definir, praticamente, a sua aparência com elementos do CSS, tais como: fonte (tipo, tamanho, cor), bordas (espessura, cor, tipo), margens, espaçamentos, imagens, alteração de estilo de links e qualquer outro elemento da página.

A definição da aparência e do comportamento dos elementos de uma página facilita o trabalho de desenvolvimento e possibilita alterações muito rapidamente.

Podemos definir o comportamento de um marcador da página (por exemplo, <p>) ou criar uma classe de estilo que pode ser referenciada por qualquer marcador (utilizando-se a propriedade class). É possível ainda ligar o marcador e a classe e definir um estilo para um elemento específico na página (por um identificador único). Veja um exemplo a seguir:

```
<html>
<head>
<title>Programação WEB - PHP</title>
```

```
<style>
p {
font-weight: bold;
font-size: 12pt;
color: red;
border: 1px solid Navy;
}
p.atencao {
color: black;
background-color: #95CAFF;
border: 1px solid red;
padding: 5px;
}
div.titulo {
font-size: 18pt;
font-weight: bolder;
color: Navy;
}
#id1000 {
color: WHITE;
background-color: Navy;
box-shadow: 5px 5px 3px #d0d0d0;
}
</style>
</head>
<body>
<p>Texto utilizando o estilo da classe P</p>
<p class="atencao">Elemento P com a classe Atenção</p>
<div class="titulo">Programação WEB - PHP</div><br>
<span id="id1000">Teste com identificador Único</span>
</body>
</html>
```

O resultado será algo como o apresentado na Figura 3.1:

A forma geral para declarar um elemento CSS é:

```
<elemento>[: <pseudoclasse ou pseudoelemento>] {
Atributos
}
```

Figura 3.1 - Exemplo de CSS.

Com o CSS podemos definir, ainda, pseudoclasses e pseudoelementos para comportamentos bem específicos, tais como: first-letter, first-line e hover. Para associar uma pseudoclasse ou um pseudoelemento ao seletor CSS desejado, devemos utilizar o caractere dois-pontos (:) logo após o seletor CSS (p:first-letter, por exemplo). A seguir, observe uma lista das pseudoclasses e pseudoelementos.

| pseudoclasses | Estas pseudoclasses devem ser utilizadas em conjunto com a tag A do HTML (A:link, A:hover e A:visited) |
|---|---|
| link | Define o estilo de um link não visitado |
| visited | Define o estilo de um link visitado |
| hover | Indica o estilo do link quando o mouse passa por ele |
| pseudoelementos | |
| first-letter | Define o comportamento para a primeira letra da classe relacionada, por exemplo p:first-letter |
| first-line | Define o comportamento para a primeira linha da classe relacionada, por exemplo div:first-line |

```html
<HTML>
<HEAD>
<TITLE>Programação WEB - PHP </TITLE>
<STYLE type="text/css">
P {
font: Georgia, Sans;
font-size: 12pt;
line-height: 12pt;
}
P:first-letter {
font-size: 36pt;
font-weight: bolder;
float: left;
color: Blue;
}
SPAN {
text-transform: uppercase;
}
DIV {
font: Arial;
font-size: 11pt;
color: black;
}
DIV:first-line {
text-transform: Uppercase;
color: Navy;
font-weight: bold;
}
A {
font: Arial;
padding: 10px;
height: 25px;
}
A:hover {
color: white;
background-color: #009BE6;
text-decoration: blink;
}
A:link {
color: Blue;
text-decoration: none;
}
A:visited {
color: dark-red;
text-decoration: line-through;
}
</STYLE>
</HEAD>
<BODY>
<br>
<P><SPAN>Programação WEB - PHP: </SPAN> pseudoclasse First-letter</P>
<DIV>Exemplo da classe first-line <br/>dentro da tag DIV</div><br/>
<A href="controle_estoque.html">Clique aqui</a>
</BODY>
</HTML>
```

O resultado será idêntico ao apresentado na Figura 3.2.

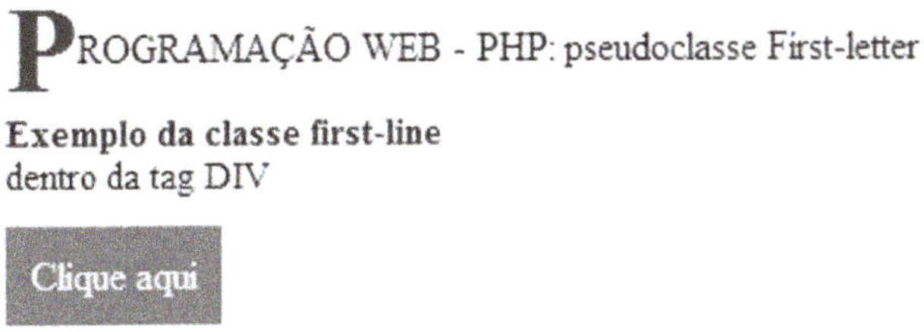

**P**ROGRAMAÇÃO WEB - PHP: pseudoclasse First-letter

**Exemplo da classe first-line** dentro da tag DIV

Clique aqui

Figura 3.2 - Exemplos de pseudoclasses.

## 3.2 Integração com HTML

Para incorporar uma ou mais folhas de estilo (CSS) em uma página web temos três formas:

1) Inserir o CSS diretamente na página, com o marcador STYLE.
2) Inserir na página uma chamada a um arquivo de folhas de estilo.
3) Definição do estilo diretamente em marcadores HTML.

Na primeira forma, o CSS é inserido diretamente na página e deve estar dentro do marcador STYLE. Essa forma é prática e simples, mas apresenta problemas quando temos várias páginas e desejamos alterar o CSS de todas elas, pois obrigará à alteração de cada uma das páginas. A sintaxe para essa forma é:

```
<STYLE type="text/css">
... Definições
</STYLE>
```

Uma página HTML pode conter um ou mais marcadores STYLE. Os marcadores devem estar inseridos no marcador HEAD:

```
<HEAD>
<STYLE>
...
</HEAD>
```

A segunda forma de inserir folhas de estilo em uma página é pela carga de arquivo contendo as definições CSS. Para isso utilizamos o marcador LINK, cuja sintaxe é:

```
<LINK REL="stylesheet" TYPE="text/css" href="arquivo_css">
```

Assim como STYLE, LINK deve ser inserido dentro do marcador HEAD. O arquivo que será carregado não precisa ter o marcador STYLE, apenas as definições desejadas. A seguir temos um exemplo.

```
<HTML>
<HEAD>
<TITLE>Programação WEB - PHP </TITLE>
<LINK REL="stylesheet" TYPE="text/css" HREF="folhaestilo1.css">
<LINK REL="stylesheet" TYPE="text/css" HREF="folhaestilo2.css">
</HEAD>
<BODY>
<br>
<P><SPAN>Programação WEB - PHP: </SPAN> pseudoclasse First-letter</P>
<DIV>Exemplo da classe first-line <br/>dentro da tag DIV</div><br/>
<A href="controle_estoque.html">Clique aqui</a>
</BODY>
</HTML>
```

A terceira forma consiste em definir o estilo dentro do marcador HTML, utilizando para isso o argumento STYLE e/ou o argumento CLASS. O argumento CLASS informa qual classe deverá ser utilizada na formatação do marcador, já o argumento STYLE informa qual formatação se deseja para o marcador. Veja o resultado na Figura 3.3.

```
<HTML>
<HEAD>
<TITLE>Programação WEB - PHP </TITLE>
<LINK REL="stylesheet" TYPE="text/css" HREF="folhaestilo1.css">
</HEAD>
<BODY>
<br>
<P><SPAN>Programação WEB - PHP: </SPAN> pseudoclasse First-letter</P>
<DIV>Exemplo da classe first-line <br/>dentro da tag DIV</div><br/>
<A href="controle_estoque.html">Clique aqui</a>
<P class="cabecalho">Classe Cabeçalho</P>
<DIV STYLE="color:red;background-color:#c0c0c0;">CSS direto no Marcador</DIV>
</BODY>
<HTML>
```

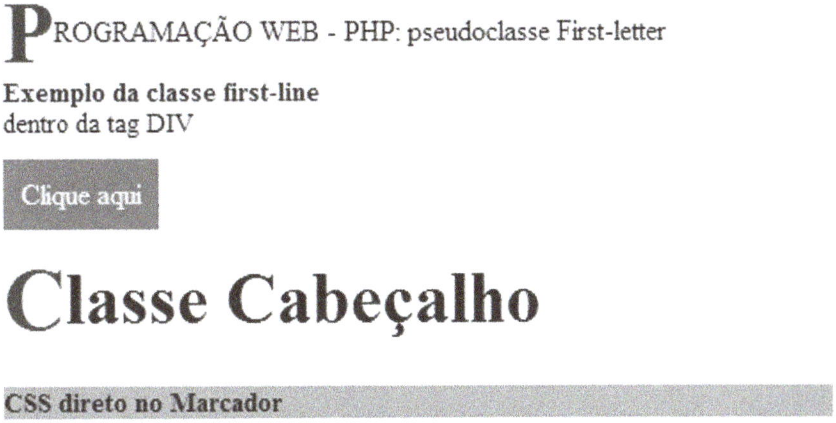

**P**ROGRAMAÇÃO WEB - PHP: pseudoclasse First-letter

**Exemplo da classe first-line**
**dentro da tag DIV**

Clique aqui

# Classe Cabeçalho

**CSS direto no Marcador**

Figura 3.3 - Utilizando CLASS e STYLE no marcador HTML.

## 3.3 Propriedades tipográficas e fontes

Uma das formas mais comuns de utilização de CSS é a manipulação de fontes e propriedades dentro de uma página. O grupo font possibilita que sejam determinadas a fonte a ser utilizada e as suas características. Temos as seguintes características:

| | |
|---|---|
| font-family | Define uma fonte ou uma sequência de fontes (em ordem de prioridade). |
| font-style | Define o estilo da fonte. Os estilos possíveis são: normal, italic e oblique. |
| font-size | O tamanho a ser utilizado, sendo possível defini-lo em valor relativo ou absoluto. Por exemplo: 100%, 14 px, 2em (percentual e "em" - sendo que 1em é o mesmo que o tamanho-padrão - são relativos e px é absoluto). |
| font-weight | Define o peso da fonte. Os valores mais comuns são: normal e bold. |

As propriedades podem ser definidas separadamente ou agrupadas em font. Veja alguns exemplos:

```
p {font-family: Arial Verdana;}
.pequena {font-size: 10px; font-weight:normal;}
.cabecalho {font: normal bold 3.5em Georgia;}
```

No primeiro exemplo, definimos apenas qual fonte desejamos usar, preferencialmente Arial e em segundo lugar Verdana.

No segundo exemplo, fixamos o tamanho em 10 px e o peso em normal.

No terceiro exemplo definimos o estilo como normal, o peso como bold, o tamanho relativo de 3.5 em e a fonte como Georgia.

## 3.4 Alinhamento e decoração de textos

Para alinhar um texto horizontalmente, utilizamos text-align. Os valores possíveis são:

| Left | Alinhar à esquerda |
| --- | --- |
| Right | Alinhar à direita |
| Center | Alinhar ao centro |
| Justify | Justificado |

Podemos ainda alinhar o texto verticalmente, utilizando vertical-align. Os valores mais utilizados são:

| Sub | Subscrito |
| --- | --- |
| Super | Sobrescrito |
| Top | Alinhado no topo |
| Middle | Alinhado no meio |
| Bottom | Alinhado na base |

Veja o exemplo a seguir.

```
<html>
<head>
<style>
.texto {text-align:center; vertical-align:middle;}
.sub {vertical-align:sub;}
.sob {vertical-align:super;}
</style>
</head>
<body>
<p class="texto">Exemplo de Texto 1<span class="sub">sub</span> e 2<span class="sob">sob</span></p>
</body>
</html>
```

O resultado será algo como:

Exemplo de Texto 1$_{sub}$ e 2$^{sob}$

Podemos, ainda, alterar a cor do texto por meio de *color*, sendo possível definir a cor pelo nome, pelo código RGB (R=vermelho, G=verde, B=azul) ou pelo código hexadecimal da cor.

**Amplie seus conhecimentos**

No processo de desenvolvimento de um website, precisamos determinar as cores que utilizaremos e muitas vezes não sabemos qual o valor para uma determinada cor, por exemplo, azul royal. Para nos ajudar nesta questão, o website w3schools.com disponibiliza uma lista com os nomes das cores (em inglês) e seus códigos em heaxadecimal (Azul Royal é RoyalBlue ou #4169E1). Você encontra a lista com os nomes de cores e seus código hexadecimais em:

www.w3schools.com/cssref/css_colornames.asp

Exemplos na definição de cor do texto:

```
.vermelho {color: red;}
.verde {color:rgb(0,255,0);}
.amarelo {color: #FFFF00;}
.ouro {color: gold;}
```

É possível também definir uma decoração para o texto. Utilizamos para esse fim text-decoration, que pode receber os seguintes valores:

| none | Nenhuma decoração |
|---|---|
| underline | Uma linha abaixo do texto |
| overline | Uma linha acima do texto |
| line-through | Uma linha cortando o texto |

Alguns exemplos:

```
a, a:hover {text-decoration:none;}
.riscado {text-decoration: line-through;}
```

## 3.5 Fundo e imagem de fundo

Algumas vezes precisamos definir um fundo diferente para um elemento HTML, seja uma cor ou mesmo uma imagem de fundo. Para alterar o fundo de um elemento, utilizamos o grupo *background*. Podemos definir as seguintes características:

| background-color | Cor do fundo (aceita nome da cor, RGB ou hexadecimal) | |
|---|---|---|
| background-position | Posição da imagem de fundo. Pode ser definida por coordenadas (x,y), sendo que o canto superior esquerdo é (0,0) ou por posição relativa, em que definimos a posição horizontal e vertical. Os valores possíveis são: | |
| | Horizontal | left, right, center |
| | Vertical | top, center, bottom |
| | Pode-se informar apenas um valor. O faltante será definido como center. | |
| background-size | Tamanho da imagem de fundo. Define-se largura e altura da imagem. Pode-se definir como valor absoluto ou como percentual do tamanho original. | |
| background-repeat | Repetição da imagem. Os valores possíveis são: | |
| repeat | Repete tanto na horizontal quanto na vertical | |
| no-repeat | Não repete | |
| repeat-x | Repete somente na horizontal | |
| repeat-y | Repete somente na vertical | |
| background-image | Imagem a ser utilizada no fundo. Podemos informar none, ou seja, nenhuma imagem ou então o endereço da imagem, sempre no formato URL (endereço). | |

As características podem ser definidas individualmente ou como um grupo (na sequência informada anteriormente). Veja os exemplos a seguir:

```
<html>
<head>
<style>
.fundo1 {
background-color: yellow;
background-image: url(imagem1.png);
background-repeat: no-repeat;
background-position: center;
background-size: 80% 80%;
}
.fundo2 {background: #95DDFF center repeat-x url("imagem2.png");}
</style>
</head>
<body>
<div class="fundo1" style="height:300px;width:400px;">Fundo #1</div>
<div class="fundo2" style="height:400px;width:600px;">Fundo #2</div>
</body>
</html>
```

## 3.6 Bordas

Quando for necessário definir as bordas de um marcador HTML, deveremos utilizar o elemento de estilo border. Podemos definir de uma só vez as características de todas as bordas (esquerda, topo, direita e base) ou definir cada borda individualmente. As seguintes características podem ser definidas individualmente ou em grupo:

| | |
|---|---|
| border-width | Espessura da borda - podemos definir em pixels (px) ou utilizar os termos medium (média), thin (fina) ou thick (grossa) |
| border-style | Estilo - podemos definir os seguintes estilos: none (nenhum), dotted (pontilhado), dashed (tracejado), solid (sólido), double (duplo), além dos estilos para efeito 3D: groove, ridge, inset e outset |
| border-color | Cor da borda - podendo ser informado o nome da cor, o código RGB ou hexadecimal |

Cada uma dessas características pode ser definida de maneira individual, ou seja, para cada borda, bastando informar qual borda está sendo definida (left, right, top, bottom), ou podemos informar de forma geral. Para melhor entendimento, vejamos alguns exemplos:

| | |
|---|---|
| border: 1px solid #c0c0c0 | Define todas as bordas com as características informadas |
| border-width: 2px | Define a espessura de todas as bordas |
| border-color: red red blue blue | Define que as bordas superior e direita terão cor vermelha (red) e as bordas inferior e esquerda terão a cor azul (blue) |
| border-top: 2px dashed yellow | Define a borda superior |
| border-bottom-style: dotted | Define o estilo da borda inferior |

Podemos ainda definir o arredondamento das bordas, utilizando o elemento border-radius. Aqui também podemos definir um valor único para todos os cantos ou um valor para cada canto:

| | |
|---|---|
| border-radius: 2em | Define o arredondamento para todas as bordas como 2em |
| border-top-left: 1.5em | Define o arredondamento apenas da borda superior esquerda |
| border-bottom-right: 20% | Define o arredondamento para a borda inferior direita |

## 3.7 Cascata e herança

A utilização dos conceitos de cascata e herança traz uma grande flexibilidade e poder ao CSS, mas às vezes pode nos confundir um pouco.

Três códigos principais de informação de estilo formam uma cascata. Eles são:

» O estilo-padrão do navegador para a linguagem de marcação.
» O estilo especificado por um usuário que está lendo o documento.
» O estilo ligado ao documento pelo desenvolvedor.

O estilo do usuário modifica o estilo-padrão do navegador. O estilo do autor do documento modifica, então, algum outro estilo. Neste tutorial, você é o autor do seu documento de amostra e você trabalha somente com folhas de estilo do autor.

Por herança queremos dizer que um elemento filho herda as propriedades da folha de estilo definida para seus ancestrais. Tome como exemplo o seguinte documento HTML:

```
<HTML>
<BODY>
<DIV>
<P>
```

Aqui o marcador P herda o estilo de DIV, que herda o estilo de BODY. Dessa forma, se DIV não contiver um estilo definido, fica valendo o especificado em BODY. A seguir temos um exemplo prático:

```
<html>
<head>
<style>
body { font-family: verdana; color: navy;}
</style>
</head>
<body>
<div>Herança em CSS - div herda estilo de body
<p>Marcador P herda estilo de div</p>
</div>
</body>
</html>
```

Nesse exemplo os marcadores P e DIV herdam o estilo definido em BODY tanto para a fonte quanto para cor.

**Fique de olho!**

Nem todas as características são herdadas. As seguintes características não são herdadas: background, border (exceto border-collapse e border-spacing), display, float, height, left, margin, outline, overflow, padding, page-break, pause, position, right, table-layout, text-decoration, top, vertical-align, width.

Além da herança, precisamos entender como é decidido qual estilo será aplicado a um elemento. A aplicação ocorre sempre do mais específico ao mais genérico. No exemplo anterior, o marcador P herdou as características de BODY, pois não havia uma declaração específica para P nem para DIV. Para entender melhor, veja o exemplo a seguir:

```
<html>
<head>
<style>
body { font-family: verdana; color: navy;}
p {color:red; font-size: 125%;}
</style>
</head>
<body>
<div>Herança em CSS - div herda estilo de body
<p>Marcador P herda estilo de div</p>
</div>
</body>
</html>
```

Nesse caso, o marcador P herdará apenas a definição da fonte (Verdana). A cor e o tamanho da fonte serão o que foi definido diretamente para o marcador.

```
<html>
<head>
<style>
body { font-family: verdana; color: navy;}
p {color:red; font-size: 125%;}
```

CSS

```
.azul {color: blue;}
</style>
</head>
<body>
<div>Herança em CSS - div herda estilo de body
<p>Marcador P herda estilo de div
<p class="azul">cor Azul</p>
</p>
</div>
</body>
</html>
```

Já nesse outro exemplo o marcador P mais interno terá a cor definida pela classe informada (neste caso, azul). O restante será herdado das propriedades definidas para o marcador P.

**Amplie seus conhecimentos**

CSS é uma ferramenta poderosa e complexa, podemos manipular quase tudo em uma página Web, Para conhecer mais sobre folhas de estilo e suas aplicações no desenvolvimento de websites realmente profisisonais recomendo os seguintes websites:

www.w3schools.com/css/default.asp

https://developer.mozilla.org/pt-PT/docs/CSS

## Vamos recapitular?

Neste capítulo descobrimos o que são folhas de estilo ou CSS e como utilizá-las para formatar páginas HTML.

## Agora é com você!

1) Defina o CSS necessário para alterar o tamanho da fonte para 200% dentro de um marcador DIV.

2) Precisamos construir uma tabela com bordas de 1 px, linha sólida e de cor #c0c0c0 e cuja borda seja simples (para isso, utilize a propriedade border-collapse). Desejamos ainda que o cabeçalho da tabela tenha cor de fundo #6FD0FF, cor do texto branca e fonte Verdana. Descreva a folha de estilo apropriada.

3) Veja a figura a seguir. Qual deve ser a folha de estilo para que tenhamos o efeito mostrado?

> Teste de Caixa com cantos arredondados e com sombra

Figura 3.4 - Página HTML formatada com CSS.

# Linguagem JavaScript

## Para começar

Este capítulo mostra como trabalhar com a linguagem JavaScript. Aprenderemos os conceitos básicos da linguagem e como é possível utilizá-la para tornar a experiência dos usuários mais rica e poderosa.

Inicialmente aprenderemos os conceitos básicos, em seguida veremos sua integração com o HTML, a validação de formulários e terminaremos mostrando a utilização de funções.

## 4.1 Conceitos e definições

Inicialmente conhecida por LiveScript, JavaScript foi desenvolvida pela Netscape para tornar seu browser mais poderoso e funcional, proporcionando a seus usuários uma experiência mais rica na web. Atualmente todos os browsers suportam JavaScript, apesar de haver diferenças de sintaxe entre um browser e outro, especialmente entre o Internet Explorer e os demais.

**Amplie seus conhecimentos**

A Netscape foi responsável pelo desenvolvimento do browser Netscape Navigator, o qual foi muito popular na década de 1990, dominando o mercado de browsers de internet, porém a empresa perdeu a batalha para o Microsoft Internet Explorer e praticamente desapareceu por volta de 2002. Uma busca na web (Google ou Wikipedia) traz a história completa do Netscape.

Um script JavaScript possibilita que sejam executadas funções que no passado obrigatoriamente deveriam ser processadas pelo servidor, como validação de campos, abertura de novas janelas, criação e manipulação de camadas, cálculos simples e complexos etc.

Os scripts JavaScript podem ser inseridos em qualquer lugar de uma página HTML; mas, para melhor organização, devemos colocar, se não todos, pelo menos grande parte dos scripts antes da tag <BODY>, assim teremos um código mais organizado, cuja manutenção é mais fácil.

A utilização de JavaScript no desenvolvimento de sistemas web é fundamental para que tenhamos uma experiência rica e intuitiva dos usuários do sistema.

Os comandos JavaScript são simples e muito fáceis de aprender e utilizar. Sua integração com HTML e CSS proporciona mais liberdade ao programador no desenvolvimento dos sistemas voltados para a plataforma web.

Algumas características da linguagem:

- É uma linguagem de programação interpretada.
- Estruturada.
- Tipagem dinâmica.
- Funcional.

Dizemos que uma linguagem de programação é interpretada quando os comandos são traduzidos para linguagem de máquina e executados logo em seguida (temos também as linguagens compiladas, as quais são primeiramente traduzidas para linguagem de máquina, para serem executadas em momento posterior). Essa característica torna a linguagem mais flexível, interagindo com o ambiente mais facilmente, porém torna a sua execução um pouco mais lenta e força a tradução sempre que o script é encontrado.

JavaScript é uma linguagem estruturada, uma vez que possibilita o uso de estruturas de controle, tais como *if, for, while, switch*. e torna possível a construção de expressões.

Dizemos que uma linguagem tem tipagem dinâmica quando não é necessário definir o tipo (inteiro, texto, ponto flutuante, array etc. da variável que utilizaremos, dessa maneira o tipo é definido conforme sua utilização (por exemplo, a=10 define a variável "a" sendo do tipo inteiro). Isso possibilita que uma variável seja de vários tipos durante a execução do script (a=10;...a='teste',... a=false), o que proporciona liberdade e flexibilidade na utilização de variáveis, porém pode também tornar o código um pouco confuso. Por regra, devemos, sempre que possível, manter inalterado o tipo da variável em um script.

JavaScript é funcional porque possibilita a construção de blocos especiais, chamados funções, e também o aninhamento de funções, isto é, a construção de funções dentro de funções (na maioria dos casos, essa estrutura não é necessária nem recomendada).

## 4.2 Integração com HTML

Scripts JavaScript são construídos para ser executados junto com páginas HTML e podem ser inseridos em qualquer lugar da página, mas para melhor organização devemos colocar, se não todos, pelo menos grande parte dos scripts antes da tag <BODY>, assim teremos um código mais organizado, cuja manutenção é mais fácil.

Para identificar os scripts, é preciso inserir a tag <SCRIPT> seguida da definição da linguagem (LANGUAGE="JavaScript"), que é opcional, e da definição do nome do arquivo que contém o código (SRC="<nome_arquivo>"), que também é opcional. Caso seja informada, proporciona que o browser faça o download do arquivo informado do servidor. Dessa forma o código não fica aparente no código fonte HTML.

Temos as seguintes formas possíveis para declarar um algoritmo JavaScript:

```
<SCRIPT>
    .... // Código JavaScript
 </SCRIPT>
<SCRIPT LANGUAGE="JavaScript">
   ... // Código JavaScript
</SCRIPT>
<SCRIPT LANGUAGE="JavaScript" SRC="nome_script.js">
</SCRIPT>
```

## 4.3 Elementos da linguagem

O JavaScript tem uma estrutura de linguagem igual à das linguagens clássicas (Delphi, VB, C++), ou seja, nela existe o conceito de variáveis, funções, estruturas de controle, operadores, além de funções características para manipulação de elementos do browser, tais como: escrever no documento HTML, manipular janelas, manipular elementos de um formulário etc.

### 4.3.1 Interação com o usuário

É possível exibir mensagens ou até mesmo solicitar informações de um usuário utilizando JavaScript. Para isso utilizamos os comandos Alert, Prompt e Confirm.

Alert exibe uma mensagem qualquer, mostrando um botão de confirmação.

Prompt mostra uma mensagem e solicita a digitação de algum dado, mostrando dois botões, um para confirmação e outro para cancelamento. Este comando retorna o valor digitado ou null (vazio), caso seja clicado o botão Cancelar.

Confirm exibe uma mensagem, como no comando Alert, e disponibiliza dois botões, um de confirmação e outro de cancelamento. Este comando retorna verdadeiro, caso seja pressionado o botão de confirmação, e falso, caso contrário.

Eles têm a seguinte sintaxe:

```
alert(<mensagem>)
confirm(<mensagem>)
prompt(<mensagem>,<valor_inicial>)
```

Um exemplo da utilização desses comandos:

## Lista 1: exemplo_4_01.html

```
<HTML>
    <HEAD>
        <TITLE>Programação WEB - PHP</TITLE>
    </HEAD>
    <BODY onLoad="exemplo;">
        <SCRIPT>
        var data = new Date();
        alert("Agora é: " + data.toLocaleString());
        if(confirm("Deseja Continuar?")) {
            var numero=prompt("Informe um número");
            alert("O quadrado de "+numero+" é "+(numero*numero));
        }
        </SCRIPT>
    </BODY>
</HTML>
```

Ao executar este script no browser, teremos algo parecido com o mostrado na Figura 4.1.

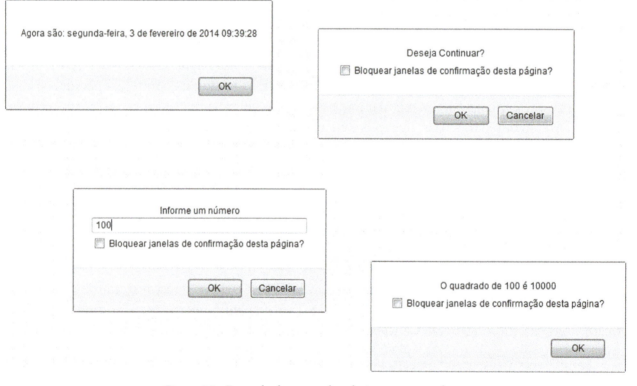

Figura 4.1 - Exemplo de comandos alert, prompt, confirm.

## 4.3.2 Variáveis

No JavaScript, as variáveis precisam ser definidas de maneira explícita, antes de serem utilizadas, e os nomes devem seguir regras simples, como iniciar com uma letra ou o símbolo _. Além disso, o JavaScript é case sensitive na definição dos nomes de variáveis, ou seja, faz distinção entre maiúsculas e minúsculas, por exemplo: valor, Valor, VALOR etc. são variáveis diferentes. Não precisamos definir o tipo da variável, pois o JavaScript fará isso automaticamente, conforme o contexto de sua utilização.

É possível definir uma variável com ou sem um valor inicial. Para sua definição utilizamos a palavra reservada var seguida dos nomes das variáveis, separados por vírgula. Caso a variável tenha um valor inicial, devemos utilizar o operador igual (=) após o nome da variável, seguido do valor desejado.

```
var valor;
var nome, endereço, cidade;
var verdadeiro=true;
var mensagem="Confirma a Operação?";
```

No JavaScript podemos definir variáveis como vetores ou matrizes e para isso utilizamos os arrays. Uma variável do tipo array pode ser definida de maneira explícita ou implícita.

Na forma explícita, informamos na criação da variável que ela é do tipo array, e neste caso utilizamos a palavra reservada Array:

```
var vetor = new Array;
```

Uma variante dessa forma de definição é iniciar a variável com valores:

```
var vetor = new Array(100,1000,10000,200,2000);
```

Outro modo de definir uma variável do tipo Array é a forma implícita. Neste caso definimos a variável sem informar que é do tipo array e então manipulamos a variável como um array:

```
var vetor;
vetor[5] = "maçã";
vetor[7] = "melão";
```

Uma variável do tipo Array tem os seguintes atributos e métodos (estão listados os mais utilizados):

### 4.3.3 Atributos

| | |
|---|---|
| length | Retorna o tamanho do array, isto é, o número de elementos |

### 4.3.4 Métodos

| | |
|---|---|
| sort | Retorna o array classificado em ordem alfabética |
| reverse | Retorna o array em ordem inversa de seus elementos |
| join | Retorna os elementos do array |

O exemplo seguinte mostra a utilização de variáveis do tipo array, sua propriedade e métodos:

## Lista 2: exemplo_4_02.html

```
<HTML>
    <HEAD>
        <TITLE>Programação WEB - PHP</TITLE>
    </HEAD>
    <SCRIPT>
        var vetor = new Array("Walace","Mara","Carol","Isabelle");
        document.write("número de elementos vetor: " + vetor.length + "<br/>");
        document.write("vetor " + vetor.join() + "<br/>");
        document.write("vetor Ordenado " + vetor.sort() + "<br/>");
        document.write("vetor em ordem inversa " + vetor.reverse() +
                        "<br/><br/>");
    </SCRIPT>
    <BODY>
    </BODY>
</HTML>
```

O resultado após a execução do script será:

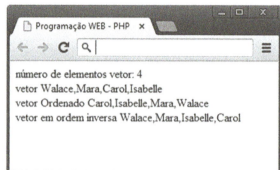

### Fique de olho!

O comando sort classifica sempre os elementos do array como texto, ou seja, caso o vetor tenha elementos numéricos, eles serão tratados como texto, dessa forma 100 vem antes de 87, que vem antes de 9 e assim por diante. Veja o exemplo a seguir:

```
<HTML>
    <HEAD>
    <TITLE>Programação WEB - PHP</TITLE>
    </HEAD>
    <SCRIPT>
    var vetor;
    vetor = [5,7,3,20,15,100,87,25];
    document.write("número de elementos vetor: " + vetor.length + "<br/>");
    document.write("vetor " + vetor.join() + "<br/>");
    document.write("vetor Ordenado " + vetor.sort() + "<br/>");
    </SCRIPT>
    <BODY>
    </BODY>
</HTML>
```

O resultado esperado é 3,5,7,15,20,25,87,100, porém obtemos 100,15,20,25,3,5,7,87. Para corrigir esse problema precisamos informar na chamada ao método sort uma função de classificação (se você não entender a construção da função neste momento, lembre-se de retornar aqui depois de aprender mais sobre funções no final do capítulo). Veja o mesmo exemplo com a correção:

```
<HTML>
    <HEAD>
    <TITLE>Programação WEB - PHP</TITLE>
    </HEAD>
```

```
<SCRIPT>
var vetor;
vetor = [5,7,3,20,15,100,87,25];
function classifica(a,b) {return a-b;}
document.write("número de elementos vetor: " + vetor.length + "<br/>");
document.write("vetor " + vetor.join() + "<br/>");
document.write("vetor Ordenado " + vetor.sort(classifica) + "<br/>");
</SCRIPT>
<BODY>
</BODY>
</HTML>
```

O resultado, agora, será o esperado: 3,5,7,15,20,25,87,100.

### 4.3.5 Operadores

Temos os seguintes operadores disponíveis no JavaScript:

| | |
|---|---|
| ++ | Incremento da variável numérica em 1 (valor++) |
| -- | Decremento da variável em 1 (valor--) |
| *, /, +, - | Operações básicas (multiplicação, divisão, soma e subtração) |
| % | Módulo, isto é, resto da divisão entre dois valores (5%2=1) |
| >, >=, <, <=, ==, != | Operadores de comparação (maior, maior ou igual, menor, menor ou igual, igual e diferente) |
| ! | Operador de negação (retorna falso se a expressão for verdadeira e verdadeiro se for falsa) |
| && | Operador AND (e) lógico |
| \|\| | Operador OR (ou) lógico |
| << | Deslocamento de bits à esquerda (2<<4=32) |
| >> | Deslocamento de bits à direita (32>>3=4) |

### 4.3.6 Estruturas de controle

Assim como a maioria das linguagens de programação, o JavaScript disponibiliza comandos para controle do programa. Os comandos if/else, while e for estão presentes e suas sintaxes são:

```
if(expressão) {
      <comandos>
} else {
      <comandos>
}
while(expressão) {
   <comandos>
}
do {
      <comandos>
} while(expressão)
for(expressão;condição;expressão) {
      <comandos>
}
```

Linguagem JavaScript

A estrutura de controle if/else deve ser utilizada quando desejamos executar comandos de forma condicional, ou seja, se dada expressão for verdadeira, executam-se os comandos dentro do bloco if, caso contrário executa-se o que está dentro do bloco else (este bloco é opcional, pode ser omitido do bloco de comandos).

```
var salario, novosalario;
salario = prompt('Informe o Salário: ');
if(salario<700) {
   novosalario = salario * 1.5;
} else {
   novosalario = salario * 1.2;
}
alert('Salário informado: ' + salario + ' com reajuste: ' + novosalario);
```

A estrutura while possibilita que um bloco de comandos seja executado enquanto *expressão* seja verdadeira. O bloco de comando pode ser executado 0 (zero) ou mais vezes.

```
var x=0;
while(x<100) {
   x = x + 1;
   document.write(x + '<br>');
}
```

A estrutura do while possibilita que um bloco de comandos seja executado enquanto *expressão* seja verdadeira (similar à estrutura while), porém, diferentemente de while, o bloco de comando é executado pelo menos uma vez.

```
var x = 100;
do {
   x = x + 2;
   document.write(x + '<br>');
} while(x<100);
```

A estrutura de controle for permite que um bloco de comandos seja executado várias vezes, conforme os parâmetros informados, sendo que o bloco é executado pelo menos uma vez, já que a verificação é feita ao fim do bloco de comandos.

```
for(var i =1;i<=100;i++) {
   document.write(i + '<br>');
}
```

## 4.4 Funções

### Funções

No JavaScript encontramos, como na maioria das linguagens estruturadas, o conceito de funções, que nada mais é que a separação de uma parte da lógica para reúso dentro de vários trechos do script.

Uma função pode executar uma série de comandos, retornando ou não um resultado ao final de sua execução. Uma função pode ainda receber uma sequência de parâmetros (um máximo de 255 parâmetros).

Existem duas formas para definição de uma função. A primeira é por uma variável função, ou seja, uma variável que se comporta como uma função, que se denomina anônima, pois a função não tem um nome, é executada pela variável. Sua sintaxe é:

```
var função = new Function(<parâmetros1..N>,código_função)
```

## Lista 3: exemplo_4_03.html

```
<HTML>
<HEAD>
   <TITLE>Programação WEB - PHP</TITLE>
</HEAD>
<SCRIPT>
   var modulo = new Function('a','b','return a%b');
   document.write("O resto da divisão de 38 por 5 é : " + modulo(38,5));
</SCRIPT>
<BODY>
</BODY>
</HTML>
```

O resto da divisão de 38 por 5 é : 3

**Fique de olho!**

Devemos escrever new Function. Qualquer outra forma retornará um erro, uma vez que o JavaScript faz diferenciação entre minúsculas e maiúsculas.

Podemos ainda definir uma função da forma tradicional, em que determinamos um nome para a função e inserimos entre chaves os comandos pertinentes a ela:

```
function <nome_função> (<parametros1..N>) {
        comandos;
        [return <valor>]
}
```

## Lista 4: exemplo_4_04.html

```
<HTML>
<HEAD>
      <TITLE> Programação WEB - PHP </TITLE>
</HEAD>
<SCRIPT>
      function cubo(valor) {
```

```
            var c = valor*valor*valor;
            return c;
    }
    document.write("O Cubo de 15 é : " + cubo(15));
</SCRIPT>
<BODY>
</BODY>
</HTML>
```

Outra forma possível de definição de uma função é atribuí-la a uma variável; mas, diferentemente da forma new Function, definimos a função da maneira tradicional:

```
var <nome_variavel> = function(<parametros>)   {
                                [comandos]
                                [return <valor>]
            }
```

Para executar a função, deve-se utilizar o nome da variável seguida de parênteses e, se houver, os parâmetros necessários para a execução da função.

## Lista 5: exemplo_4_05.html

```
<HTML>
<HEAD>
        <TITLE> Programação WEB - PHP </TITLE>
</HEAD>
<SCRIPT>
        var f = function (valor1,valor2) {
                alert(valor1*valor2);
                return (valor1-valor2);
        }
        var h = f(10,15);
        alert(h);
</SCRIPT>
<BODY>
</BODY>
</HTML>
```

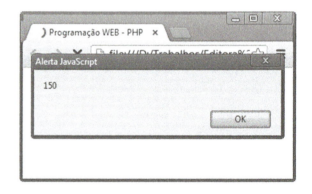

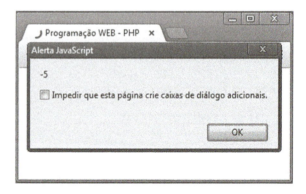

# 4.5 Validação de formulários

Uma das utilidades básicas do JavaScript é a validação de formulários antes que sejam enviados ao servidor, poupando tempo de processamento e evitando tráfego inútil pela rede.

Para que o formulário seja validado, é necessário que o JavaScript tenha acesso aos elementos HTML. Isso está disponível no JavaScript por meio do DOM (Document Object Model), que torna todos os elementos da página HTML disponíveis para manipulação pelo JavaScript (alguns elementos estão disponíveis apenas para leitura).

Para acessar os elementos da página (inclusive os códigos JavaScript), basta fazer referência ao objeto-raiz, que é nomeado como document. A partir desse objeto, acessamos todos os elementos de uma página HTML, por exemplo: se desejamos acessar o título da página (elemento TITLE), faremos document.title.

O acesso a um elemento do formulário pode ser feito por meio das propriedades getElementById, getElementsByName e getElementsByTagName.

O getElementsById retorna um único elemento com a identificação informada. A identificação é a propriedade ID do elemento do formulário.

```
<HTML>
   <HEAD>
      <TITLE>Programação WEB - PHP</TITLE>
   </HEAD>
   <BODY>
   <FORM>
      <P>Nome: <INPUT ID='nome' SIZE=30 VALUE='João'></P>
   </FORM>
   <SCRIPT>
      alert(document.getElementById('nome').value);
   </SCRIPT>
   </BODY>
</HTML>
```

O getElementsByName retorna um array com todos os elementos encontrados com o nome especificado.

```
<HTML>
   <HEAD>
      <TITLE>Programação WEB - PHP</TITLE>
   </HEAD>
   <BODY>
   <FORM>
      <P>Nome: <INPUT ID='nome' SIZE=30 VALUE='João'></P>
      <P>Sexo: <INPUT TYPE='RADIO' NAME='sexo' VALUE='M'>Masculino <INPUT TYPE='RADIO'
      NAME='sexo' VALUE='F'>Feminino</P>
   </FORM>
   <SCRIPT>
      alert(document.getElementsByName('sexo').length);
   </SCRIPT>
   </BODY>
</HTML>
```

O método getElementsByTagName retorna todos os elementos de determinado tipo de marcador (tag) HTML. Isto é útil quando não sabemos o ID ou o nome de um marcador, mas sabemos o seu tipo.

```
<HTML>
   <HEAD>
      <TITLE>Programação WEB - PHP</TITLE>
   </HEAD>
   <BODY>
   <FORM>
      <P>Nome: <INPUT ID='nome' SIZE=30 VALUE='João'></P>
      <P>Sexo: <INPUT TYPE='RADIO' NAME='sexo' VALUE='M'>Masculino <INPUT TYPE='RADIO'
      NAME='sexo' VALUE='F'>Feminino</P>
   </FORM>
   <SCRIPT>
      alert(document.getElementsByTagName('FORM').length);
   </SCRIPT>
   </BODY>
</HTML>
```

> **Fique de olho!**
>
> O JavaScript diferencia maiúsculas de minúsculas, inclusive nos comandos, desta forma Alert é diferente de alert (se você usar Alert, receberá um erro do JavaScript). Note como os comandos foram escritos. É necessário respeitar o formato definido pelo JavaScript.
>
> O método getElementsByTagName aceita como parâmetro especial "*" e retorna todos os elementos contidos no documento.

A validação de um formulário deve ser executada em dois momentos distintos: durante a digitação dos campos do formulário e ao enviar o formulário.

Para executar a validação durante a digitação do campo do formulário, devemos utilizar o método ONCHANGE ou ONBLUR (dependendo do que precisamos fazer) e no envio do formulário utilizamos o método ONSUBMIT do marcador FORM.

Tendo em vista a necessidade de utilização da verificação em dois momentos distintos, é absolutamente necessário que utilizemos funções para melhor aproveitamento do código (caso contrário, teríamos de escrever os mesmos códigos duas vezes).

```
<HTML>
     <HEAD>
           <TITLE>Programação WEB - PHP</TITLE>
     </HEAD>
     <SCRIPT>
           function validanome() {
                var n = document.getElementById('nome');
                if(n.value.length<5) {
                     alert("Nome deve ter pelo menos 5 caracteres");
                     n.value='';
                     n.focus();
                }
           }
     </SCRIPT>
     <BODY>
     <FORM>
           <P>Nome: <INPUT ID='nome' SIZE=30 VALUE='João' ONBLUR='validanome()'></P>
           <P>Sexo:    <INPUT   TYPE='RADIO'   NAME='sexo'   VALUE='M'>Masculino   <INPUT
           TYPE='RADIO' NAME='sexo' VALUE='F'>Feminino</P>
     </FORM>
     </BODY>
</HTML>
```

Aqui temos a verificação no momento da digitação do nome, porém veja que não temos como validar a seleção do sexo (neste caso, se nenhuma opção foi marcada). Para resolver este problema, podemos incluir uma validação no momento do envio do formulário ou simplesmente definir um valor-padrão (note que esta solução nem sempre será possível ou recomendada, pois haverá situação em que desejamos forçar uma escolha sem um padrão definido).

## Lista 6: exemplo_4_06.html

```html
<HTML>
    <HEAD>
        <TITLE>Programação WEB - PHP</TITLE>
    </HEAD>
    <SCRIPT>
        function validanome() {
            var n = document.getElementById('nome');
            if(n.value.length<5) {
                alert("Nome deve ter pelo menos 5 caracteres");
                n.value='';
                n.focus();
                return false;
            }
            return true;
        }
        function validasexo() {
            var e = document.getElementsByName('sexo');
            var p = '';
            for(var i=0;i<e.length;i++) {
                if(e[i].checked===true) {
                    p = e[i].value;
                    break;
                }
            }
            if(p=='') {
                alert('Favor Selecionar o Sexo');
                e.focus();
                return false;
            }
            return true;
        }
        function validaForm() {
            var r,r1;
            r = validanome();
            r1 = validasexo();
            return r&&r1;
        }
    </SCRIPT>
    <BODY>
    <FORM ONSUBMIT='return validaForm();'>
        <P>Nome: <INPUT ID='nome' SIZE=30 VALUE='João' ONBLUR='validanome()'></P>
        <P>Sexo: <INPUT TYPE='RADIO' NAME='sexo' VALUE='M'>Masculino <INPUT TYPE='RADIO' NAME='sexo' VALUE='F'>Feminino</P>
        <P><INPUT TYPE='SUBMIT' VALUE=' OK '></P>
    </FORM>
    </BODY>
</HTML>
```

Note que, no caso do campo "nome", a mensagem de erro pode aparecer duas vezes, caso o botão de enviar (OK) seja clicado logo depois de se digitar um nome inválido. Isso ocorre porque a validação é feita tanto na saída do foco do campo (ONBLUR) quanto na tentativa de enviar o formulário.

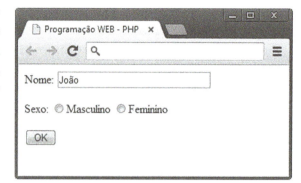

**Amplie seus conhecimentos**

Uma lista completa dos comandos JavaScript e toda a integração com os elementos das páginas web pode ser encontrada em vários sites, mas , para iniciar sua pesquisa, indicamos o w3c school, em www.w3schools.com/js/default.asp.

## Vamos recapitular?

Neste capítulo aprendemos o que é JavaScript, sua estrutura e seus comandos básicos. Aprendemos ainda como integrá-lo ao HTML e sua utilização para validação de formulários antes de serem enviados ao servidor web.

## Agora é com você!

1) Altere o formulário da lista 6 (exemplo_4_06.html) e inclua o campo idade. Esse campo deve permitir somente valores entre 18 e 49 anos. Faça a rotina para verificação do valor digitado e inclua tanto na validação do campo quanto no envio do formulário.

2) Altere novamente o formulário do exercício anterior e inclua os campos dia, mês e ano do nascimento. Como será a validação desses campos? Podemos fazer a validação campo a campo? Quais são as limitações na validação campo a campo neste caso? Desenvolva a validação da data de nascimento no envio do formulário.

3) As mensagens apresentadas na validação do formulário são exibidas em diversos comandos alert. Pense em uma maneira de as mensagens serem exibidas em um único comando alert (dica: será necessário alterar a função validaForm e as funções de validação de cada campo). Implemente o que você pensou e veja o resultado.

# 5

# Conceitos Básicos de Banco de Dados

**Para começar**

Neste capítulo aprenderemos sobre o conceito de banco de dados, tabelas e colunas. Além disso, entenderemos como utilizar a linguagem de consulta a banco de dados, conhecida como SQL.

## 5.1 Conceito de banco de dados

Um banco de dados, ou simplesmente BD, é uma coleção organizada de dados coerentes e que têm um significado ou objetivo para uma ou mais aplicações.

Um banco de dados representa abstratamente um pedaço do mundo real, por exemplo os dados contábeis de uma empresa, as contas bancárias de clientes, o estoque de produtos, os dados geográficos de um país. Atualmente é quase impensável ou mesmo impossível desenvolvermos uma aplicação, da mais simples à mais complexa, sem utilizar um banco de dados.

Um banco de dados contém uma ou mais tabelas, sendo que cada tabela representa um elemento que desejamos gerenciar. Uma tabela é dividida em linhas e cada linha em colunas. O número de linhas de uma tabela é limitado apenas pelo espaço de armazenamento disponível, porém o número de colunas é sempre finito. As colunas representam os atributos de alguma entidade que desejamos representar no banco de dados. Tomemos como exemplo um banco de dados para o gerenciamento de vendas de uma empresa. Nele precisaremos armazenar informações sobre clientes, produtos, estoques, pedidos, vendedores etc. A Tabela 5.1 mostra a arquitetura típica de um banco de dados.

Tabela 5.1 - Arquitetura típica de um banco de dados

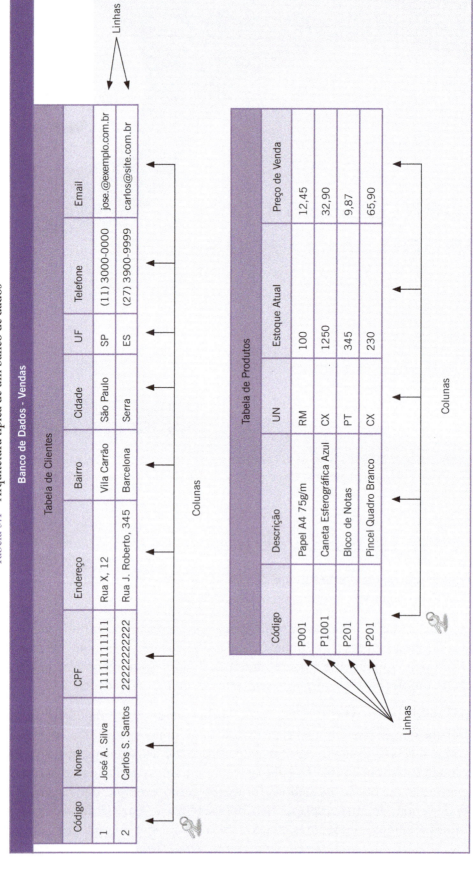

Além da questão do armazenamento dos dados, um sistema de banco de dados deve prover ferramentas para gerenciamento do banco de dados, suas tabelas, linhas, colunas e demais entidades presentes (índices, visões, procedimentos, regras, restrições etc.). O conjunto de ferramentas que um sistema de banco de dados disponibiliza é conhecido como Sistema de Gerenciamento de Banco de Dados, ou SGBD.

É pelo SGBD que acessamos o banco de dados e realizamos as tarefas necessárias para a sua correta utilização.

Um sistema de banco de dados deve prover as seguintes características:

### 5.1.1 Controle de unicidade

O sistema de BD deve prover meios para que seja possível reduzir ou eliminar dados repetidos, por exemplo, o mesmo cliente ou o mesmo produto cadastrado mais de uma vez. Em geral isso é possível com índices únicos, em especial a chave primária. Os índices informam ao SGBD quais as colunas que serão utilizadas para controlar a unicidade. Como exemplo, nas tabelas de clientes e produtos, podemos usar a coluna "Código" como chave primária e assim impedimos que exista mais de um produto com o mesmo código.

### 5.1.2 Controle de redundância

Para garantir que a redundância seja controlada, o SGBD deve prover ferramentas que controlem a repetição de dados em várias tabelas. Tome por exemplo, no sistema de vendas, uma tabela para armazenar os pedidos de clientes. Nessa tabela precisamos de dados do cliente e do produto (código, nome, descrição, preço de venda etc.). O SGBD deve prover meios para que não seja necessário armazenar na tabela de pedidos todos os dados de cliente e de produto (repetindo a mesma informação em vários campos). Para isso o SGBD deve disponibilizar o que chamamos de chave estrangeira, ou seja, uma ou mais colunas que realizam a ligação entre tabelas. No nosso exemplo a tabela de pedidos precisa armazenar somente o código do produto e o código do cliente, os demais dados ficam apenas nas tabelas originais.

### 5.1.3 Integridade

O controle de redundância exige que o SGBD disponibilize formas para controlar a integridade dos dados do banco de dados, ou seja, precisa garantir que os dados de uma tabela que estejam referenciados em outras estejam realmente disponíveis. A integridade tem por objetivo impedir que os dados sejam corrompidos, para isso o SGBD deve dispor de meios para impedir dados órfãos, ou seja, dados que referenciem uma linha, de uma tabela, que não exista mais. Tome como exemplo a tabela de pedidos, a qual referencia as tabelas de clientes e produtos. Digamos que um dos pedidos referencie o cliente 1 da tabela de clientes. O SGBD deve dispor de meios que impeçam que o cliente 1 seja excluído ou que seu código (chave primária) seja alterado.

## 5.2 SQL

SQL ou Structured Query Language (Linguagem de Consulta Estruturada) é o padrão atualmente utilizado para o acesso e gerenciamento dos dados armazenados em um banco de dados.

Com os comandos SQL podemos executar as seguintes tarefas:

- » Criar bancos de dados.
- » Criar tabelas, colunas, índices, chaves estrangeiras, visões.
- » Executar consultas no BD.
- » Inserir, alterar, excluir dados.
- » Recuperar dados de uma ou várias tabelas.

Os comandos SQL são em sua essência simples (mas podem ser tão complexos quanto necessário). Veja um exemplo do comando SQL para consulta ao banco de dados:

```
SELECT * FROM clientes
```

O exemplo a seguir mostra como podemos tornar o comando mais poderoso e complexo.

```
SELECT * FROM pedidos P
      LEFT JOIN clientes C ON P.cliente_codigo=C.cliente_codigo
      LEFT JOIN produtos PR ON P.produto_codigo=PR.produto_codigo
      WHERE P.data_pedido >= '2014-01-1' AND P.data_pedido <= '2014-06-30'
               AND EXISTS(SELECT nota_numero FROM notafiscal NF
                              WHERE NF.pedido_numero = P.pedido_numero
                                    AND NF.situacao='I')
      ORDER BY P.pedido_numero
```

A linguagem SQL provê recursos para várias ações no banco de dados. Essas ações ou comandos podem ser divididos nos seguintes subgrupos:

## 5.2.1 DML - Linguagem de Manipulação de Dados

Este subgrupo reúne os comandos SQL para a manutenção de dados. São eles:

| | |
|---|---|
| INSERT | Inclusão de novos registros (ou linhas) |
| UPDATE | Alteração de dados existentes |
| DELETE | Exclusão de uma ou mais linhas |
| SELECT | Realização de consultas no banco de dados |

## 5.2.2 DDL - Linguagem de Definição de Dados

Neste subgrupo temos os comandos para manipulação de tabelas e elementos associados (índices, chave primária, visões):

| | |
|---|---|
| CREATE | Criação de banco de dados, tabelas, visões, índices etc |
| ALTER | Alteração na estrutura do banco de dados |
| DROP | Exclusão de objetos na estrutura do banco de dados |

Esses comandos têm subcomandos, tais como:

| CREATE DATABASE | ALTER TABLE |
|---|---|
| CREATE TABLE | ALTER INDEX |
| CREATE VIEW | DROP TABLE |
| CREATE INDEX | DROP INDEX |

### 5.2.3 DCL - Linguagem de Controle de Dados

Neste subgrupo temos os comandos que gerenciam o acesso aos dados do banco de dados:

| GRANT | Concede privilégios a um ou mais usuários para acesso a dados ou operações |
|---|---|
| REVOKE | Revoga privilégios concedidos a um ou mais usuários |

### 5.2.4 DTL - Linguagem de Transação de Dados

Este último subgrupo do SQL disponibiliza os comandos para controle de transações (cada comando executado no banco de dados é uma transação). Esses comandos são fundamentais para controlar a integridade do banco de dados.

| BEGIN WORK | Marcar o início do controle transacional de um bloco de (ou START TRANSACTION) comandos SQL |
|---|---|
| COMMIT | Encerra o controle transacional, confirmando as transações executadas no banco de dados |
| ROLLBACK | Encerra o controle transacional, desfazendo as transações executadas pelos comandos SQL |

**Fique de olho!**

Apesar de ser um padrão ANSI (American National Standard Institute - Instituto Nacional Americano de Padrões), existem pequenas diferenças entre os diferentes fabricantes de bancos de dados, porém essas diferenças não afetam os comandos básicos do SQL (INSERT, UPDATE, SELECT, DELETE)

## 5.3 Noções gerais dos comandos SQL

### 5.3.1 Criando um banco de dados e suas tabelas

Para criar um banco de dados, utilizamos o seguinte comando SQL:

```
CREATE DATABASE nome_bd
```

Para criar o banco de dados exemplo devemos executar o comando CREATE DATABASE exemplo. A criação de uma tabela utiliza o comando CREATE TABLE e sua sintaxe básica é:

```
CREATE TABLE nome_tabela (
        campo1          tipo_de_dados([tamanho]),
        campo2          tipo_de_dados([tamanho]),
        ...
        campon          tipo_de_dados([tamanho]),
        [ propriedades da tabela ]
)
```

Os tipos de dados em geral dependem do SGBD utilizado, mas em geral os tipos básicos são aceitos pela maioria dos bancos de dados:

| | |
|---|---|
| CHAR | Texto com tamanho fixo |
| VARCHAR | Texto com tamanho variável, informamos o máximo |
| INTEGER | Inteiro |
| DOUBLE | Ponto flutuante |
| DATE | Data |
| DATETIME | Data e hora |

Alguns SGBD, como o MySQL, estendem esses tipos de dados, disponibilizando variações desses tipos básicos e definindo outros tipos específicos do BD. Em http://dev.mysql.com/doc/refman/5.7/en/data-types.html, você pode obter os tipos de dados atualmente disponíveis para o MySQL.

O exemplo a seguir mostra como criar uma tabela do banco de dados exemplo no MySQL.

```
CREATE TABLE produtos (
  produto_codigo varchar(15) not null,
  produto_descricao varchar(30),
  produto_unidade char(2),
  produto_saldoatual numeric(10,2),
  primary key (produto_codigo)
);
```

Neste comando definimos as colunas da tabela, restrições (por exemplo, o campo produto_codigo não aceita valores nulos) e a chave primária que será utilizada para garantir a unicidade na tabela.

## 5.3.2 Comandos para manipulação de dados

Uma vez criada a tabela, podemos executar os comandos para inserção de dados, alteração de dados existentes ou exclusão de dados.

Para incluir dados em uma tabela, utilizamos o comando SQL INSERT. Sua sintaxe básica é:

```
INSERT INTO nome_tabela [(lista_de_campos)] VALUES (valores);
```

A lista de campos, se for informada, deve ter os campos separados com vírgulas (campo1,campo2,campo3). Caso a lista seja omitida, o SGBD entenderá que todos os campos serão informados.

Os valores devem ser informados na ordem que aparecem na lista de campos. Caso a lista não seja informada, a ordem deve ser a original dos campos da tabela. Os valores devem ser separados por vírgulas e ser compatíveis com o formato aceito pelo banco de dados. Dessa maneira, os campos dos tipos texto e data devem estar entre aspas. Os campos dos tipos data e data/hora precisam ser formatados no padrão aceito pelo banco de dados. Por exemplo, no MySQL, a data deve estar no formato ano-mês-dia (ano com quatro dígitos) e data/hora no formato ano-mês-dia hora:minuto:segundo.

Alguns exemplos:

```
INSERT INTO produto(
   produto_codigo,      produto_descricao,produto_unidade,    produto_saldoatual)
VALUES('P001','Papel A4','RM',100);

INSERT INTO produto    VALUES('P101','Caneta Esferográfica Azul','CX',19);
```

**Amplie seus conhecimentos**

Alguns SGBD aceitam outras formas de inclusão de dados, principalmente para inclusão de grandes volumes de dados. Veja outras formas possíveis para o MySQL em http://dev.mysql.com/doc/refman/5.7/en/insert.html.

Uma vez que os dados foram incluídos na tabela, precisamos de comandos que possibilitem a alteração dos dados ou mesmo a exclusão de linhas inteiras da tabela.

Para alterar um ou mais campos de uma ou mais linhas de uma tabela, devemos utilizar o comando SQL UPDATE. Sua sintaxe básica é:

```
UPDATE nome_tabela SET campo1=valor1, campo2=valor2, ..., campoN=valorN
[ WHERE condições_de_pesquisa ]
```

Assim como no comando INSERT, os valores devem estar no formato compatível com o banco de dados.

A cláusula WHERE é opcional e, se informada, define condições para restringir a atualização a determinadas linhas da tabela. Caso esta cláusula não seja informada, todas as linhas da tabela serão atualizadas. Em geral utilizamos sempre a cláusula WHERE.

Veja alguns exemplos:

```
UPDATE produto SET produto_unidade='UN';

UPDATE produto SET produto_saldoatual = produto_saldoatual +10
   WHERE produto_codigo='P001';
```

A exclusão de uma ou mais linhas da tabela é conseguida com o comando DELETE. Sua sintaxe é:

```
DELETE FROM nome_tabela [ WHERE condições ]
```

Aqui vale a mesma regra de UPDATE, ou seja, a cláusula WHERE é opcional e, caso não seja informada, TODOS os registros da tabela serão excluídos.

```
DELETE FROM produtos WHERE produto_codigo='P001';

DELETE FROM produtos WHERE produto_saldoatual<100;
```

> **Amplie seus conhecimentos**
>
> Os comandos Update e Delete, bem como os demais comandos SQL possuem uma estrutura bem complexa, com opções para as mais variadas tarefas. Em geral utilizamos apenas o básico destes comandos, mas é importante conhecermos sua estrutura completa, para sabermos o que pode ser feito com esses comandos. A documentação do MySQL, por exemplo, mostra em detalhes estes comandos. Os endereços da documentação são:
>
> http://dev.mysql.com/doc/refman/5.7/en/update.html e
>
> http://dev.mysql.com/doc/refman/5.7/en/delete.html

## 5.3.3 Comandos para consulta de dados no banco de dados

Uma vez que os dados estão nas tabelas, precisamos de meios para recuperar os dados existentes. O padrão SQL disponibiliza para esta tarefa o comando SELECT. Esse comando é eficiente e flexível, podendo ser simples ou complexo, conforme a necessidade do desenvolvedor. A sintaxe básica é:

```
SELECT expressões FROM nomes_tabelas
    [ clausulas_de_ligação ]
    [ WHERE condições ]
    [ GROUP BY agrupamento ]
    [ HAVING condições ]
    [ ORDER ordenação ]
```

O argumento expressões pode se referir a nomes de campos ou outras expressões aceitas pelo SGBD. Podemos, por exemplo, realizar operações matemáticas, unir campos, contar, somar etc.

Caso seja informado o caractere * (asterisco), todos os campos serão retornados.

Em nomes_tabelas informamos uma lista de tabelas que desejamos consultar. Em geral informamos apenas a tabela principal.

O campo clausulas_de_ligação é opcional. Nessa cláusula informamos as ligações que desejamos estabelecer com outras tabelas. A forma mais utilizada de ligação é a cláusula LEFT JOIN e sua sintaxe é:

```
LEFT JOIN nome_tabela ON condições
```

A cláusula WHERE é opcional e, caso seja informada, define as condições para determinar quais dados serão retornados, restringindo o conjunto retornado. Essa cláusula pode trabalhar com simples operações de comparação (=, >, <, <>), ou mesmo com condições ligando várias tabelas, visões e outras formas de restrição.

> **Amplie seus conhecimentos**
>
> Na maioria das situações, precisamos apenas de cláusulas básicas para a filtragem dos dados, porém, em alguns casos, teremos a necessidade de cláusulas where mais complexas. Por isso, é importante saber como utilizar essa cláusula, para facilitar o desenvolvimento de sistemas, principalmente para evitar comandos desnecessários e que tornam a execução do programa mais lento. Para um detalhamento exaustivo das expressões e funções aceitas na cláusula where, recomendo os seguintes endereços:
>
> http://dev.mysql.com/doc/refman/5.7/en/expressions.html
>
> http://dev.mysql.com/doc/refman/5.7/en/functions.html

GROUP BY, quando definido, informa os agrupamentos que desejamos realizar. Os agrupamentos são utilizados junto a operadores do tipo SUM, COUNT, AVG.

HAVING, quando informado, determina condições específicas para agrupamentos (SUM, COUNT, AVG, por exemplo).

ORDER, caso seja informado, altera a ordem em que o resultado é retornado. Caso não seja informado, o SGBD determina a melhor forma de ordenação do resultado (por exemplo, pela chave primária da tabela). Podemos informar, além dos campos, qual o critério, ou seja, se a ordenação será ascendente (ASC) ou descendente (DESC). O padrão é a ordenação ascendente.

Alguns exemplos de SELECT:

```
SELECT * FROM produto;

SELECT produto_codigo,produto_descricao FROM produto;

SELECT produto_unidade, SUM(produto_sadoatual) as saldo
   FROM produto
   WHERE produto_saldo >= 0
   GROUP BY produto_unidade
   HAVING SUM(produto_saldoatual)>0
   ORDER BY SUM(produto_saldoatual) DESC;

SELECT NF.*,NI.*, P.produto_descricao, P.produto_unidade, C.cliente_nome
   FROMnotafiscal NF
      LEFT JOIN notaitem NI ON NF.nota_numero=NI.nota_numero
      LEFT JOIN produto P ON NI.produto_codigo = P.produto_codigo
      LEFT JOIN cliente C ON NF.cliente_codigo=C.cliente_codigo
   WHERE NF.nota_situacao<>'C'
   ORDER BY NF.nota_numero, NI.produto_codigo;
```

## Vamos recapitular?

Neste capítulo aprendemos os conceitos de banco de dados e sua estrutura. Aprendemos também como interagir com o banco de dados, utilizando a linguagem SQL. Finalmente vimos a sintaxe dos comandos mais comumente utilizados.

## Agora é com você!

1) Explique o que é um SGBD.

2) Dê exemplos de comandos do subgrupo DDL do SQL.

3) Tomando por base a tabela de produtos, como seria o comando SQL para que o saldo atual (produto_saldoatual) seja zerado (saldoatual=0) para todos os produtos com saldo_atual menor que zero?

4) Utilizando novamente a tabela de produtos, descreva o comando SQL necessário para recuperar a quantidade de produtos por unidade de estoque (dica: você vai precisar da cláusula COUNT).

# MySQL e PHPMyAdmin

**Para começar**

Agora que já conhecemos o conceito de banco de dados e da linguagem SQL, vamos conhecer o banco de dados MySQL e a ferramenta de administração PHPMyAdmin.

## 6.1 O que é MySQL?

O MySQL é um Sistema de Gerenciamento de Banco de Dados (SGBD) que entrega um banco de dados relacional robusto, muito rápido, multiusuário, confiável, escalável e fácil de usar. O servidor MySQL é direcionado a sistemas de missão crítica e sistemas para atendimento em massa (tipicamente sistemas com base na web).

O MySQL é o mais popular SGBD de código aberto disponível no mercado. Atualmente o SGBD MySQL é desenvolvido, distribuído e suportado pela Corporação Oracle. Algumas características do MySQL:

- » é escrito em C e C++.
- » testado em vários compiladores.
- » funciona em muitas plataformas de SO e hardware.
- » provê mecanismos transacionais e não transacionais.
- » utiliza a estrutura B-Tree com compressão de índices.

» suporte a BD muito grandes. Alguns servidores possuem mais de 200 mil tabelas e 5 milhões de linhas.

» suporta até 64 índices por tabela, cada índice podendo conter até 16 colunas.

## 6.2 Baixando e instalando o MySQL

O SGBD MySQL está disponível para download em vários formatos e plataformas. Existem versões pagas e gratuitas.

O website www.mysql.com contém as informações sobre as versões pagas do MySQL, já o website dev.mysql.com contém informações da versão comunitária, ou seja, a versão gratuita.

Uma vez baixado, basta executar o instalador e seguir os passos mostrados.

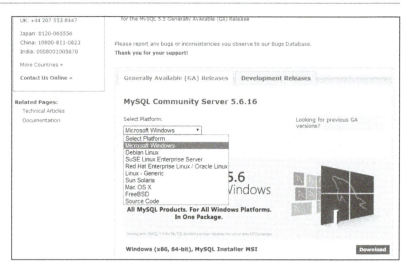

Figura 6.1 - Página de download da versão gratuita do MySQL (http://dev.mysql.com/downloads/mysql/)

Além do servidor, podemos instalar ferramentas auxiliares, documentação e um cliente para administração do SGBD.

O cliente para administração do MySQL é chamado de MySQL WorkBench. Sua utilização é bem simples e disponibiliza várias ferramentas para gerenciamento do servidor MySQL e dos bancos de dados existentes.

Esta é uma ferramenta completa, com vários utilitários para que o administrador gerencie todo o ambiente MySQL. Estão disponíveis utilitários para iniciar ou parar

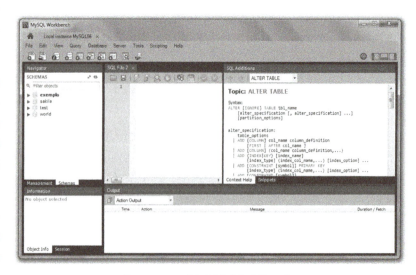

Figura 6.2 - MySQL WorkBench.

o servidor MySQL, ferramentas para importação de bases de dados, editor para comandos SQL, ferramentas de gerenciamento do servidor, com informações sobre desempenho e vários outros utilitários que facilitam o dia a dia do administrador.

## 6.3 PHPMyAdmin

Outra aplicação muito utilizada para o gerenciamento do MySQL no ambiente web é o PHPMyAdmin. Esta é uma ferramenta gratuita, desenvolvida totalmente em PHP.

As operações mais comumente usadas, tais como gerenciamento de banco de dados, tabelas, colunas, índices, usuários, permissões etc., estão disponíveis no PHPMyAdmin, além de ser possível executar qualquer comando SQL por meio do seu editor de comandos SQL.

Para obter o PHPMyAdmin, basta visitar o website www.phpmyadmin.net. Nesse endereço é possível obter a versão mais recente do software, além da documentação e outras informações relevantes sobre o PHPMyAdmin.

Para executar o PHPMyAdmin, você precisará de um servidor web (Apache ou IIS, por exemplo) e da versão mais recente do PHP.

Uma vez obtida a versão mais recente do software, basta descompactar o arquivo dentro do diretório de trabalho do servidor web. Em seguida, a ferramenta estará à nossa disposição.

O acesso é feito por qualquer browser. A tela inicial solicita a linguagem que deverá ser utilizada (no nosso caso, Português Brasil) e os dados de usuário e senha para acesso ao servidor MySQL.

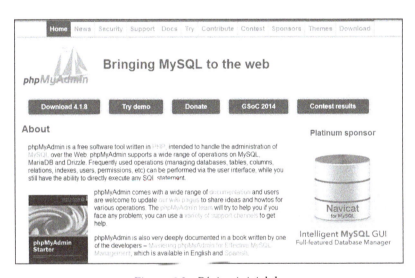

Figura 6.3 - Página inicial de www.phpmyadmin.net

Figura 6.4 - Tela de entrada do PHPMyAdmin.

Dentro da aplicação, temos disponíveis uma gama enorme de ferramentas para o gerenciamento do servidor MySQL. Entre essas ferramentas podemos citar: gerenciador de banco de dados, editor de comandos SQL, informações sobre o servidor, gerenciamento de usuários, importação e exportação de dados, configuração do aplicativo.

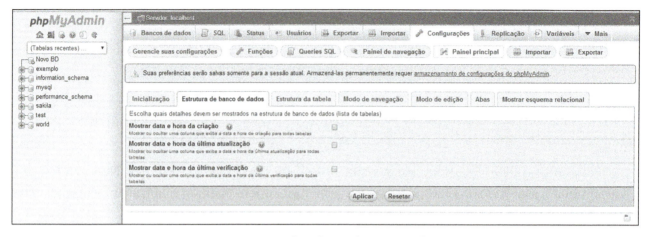

Figura 6.5 - Uma das páginas de PHPMyAdmin.

## Vamos recapitular?

Neste capítulo aprendemos como funciona o MySQL, como baixar esse SGBD e como utilizar ferramentas de gerenciamento para esse banco de dados.

## Agora é com você!

1) Qual o nome da versão gratuita do MySQL?
2) Qual o endereço web para baixarmos a versão comunitária do MySQL?
3) Quais são os requisitos para utilizarmos o PHPMyAdmin?

# Instalação de Servidor

## Para começar

Este capítulo inicia nossa jornada pelo mundo do PHP. Aqui aprenderemos um pouco mais sobre aplicações cliente/servidor ou arquitetura multicamadas, em especial duas e três camadas. Aprenderemos ainda como instalar o servidor Apache e o PHP.

## 7.1 Aplicações cliente/servidor

O modelo de aplicações cliente/servidor representa uma estrutura de aplicações distribuídas. Os clientes são responsáveis por requisitar serviços de um ou mais servidores, os quais, após o processamento, devolvem aos clientes o resultado da requisição.

De modo geral, os clientes e servidores comunicam-se por meio de uma rede de computadores, seja ela local, privada ou pública.

Os servidores executam um ou mais serviços ou aplicações, que compartilham seus recursos com clientes. Os clientes executam chamadas aos servidores, no entanto não compartilham nenhum recurso ou serviço.

Este modelo foi desenvolvido originalmente pela Xerox Palo Alto Research Center (Xerox PARC) nos anos 1970.

Não seria possível a existência da web, emails e outros serviços distribuídos sem esse modelo de computação.

O modelo cliente/servidor ou arquitetura multicamadas pode ser dividido desde a mais simples estrutura com duas camadas até estruturas complexas com múltiplas camadas (4, 5 etc.). A arquitetura mais utilizada atualmente, devido à internet e à web, é a arquitetura de 3 camadas. As camadas são:

» Camada de apresentação: conhecida como interface gráfico do usuário (ou GUI Graphical User Interface). É a camada responsável pela interação com os usuários. É nesta camada que temos a apresentação dos dados, bem como os formulários para inclusão, alteração, exclusão de dados e demais interações necessárias.

» Camada de negócio: aqui estão as regras de negócio ou funcionalidades. Esta camada é responsável por receber as solicitações de cada apresentação e realizar o processamento, comunicar-se com a camada de dados (sempre que necessário) e retornar o resultado para a camada de apresentação.

» Camada de dados: esta camada é responsável pelo recebimento de requisições da camada de negócio, interação com o banco de dados, executando os processos necessários (conforme as requisições) e retorno do resultado à camada de negócios.

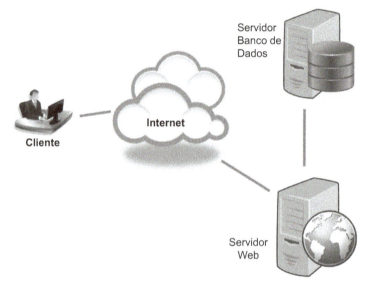

A Figura 7.1 mostra o modelo de arquitetura 3 camadas.

Figura 7.1 - Arquitetura 3 camadas.

## 7.2 Servidor HTTP

HTTP, ou HyperText Transfer Protocol (Protocolo de Transferência Hipertexto), é um protocolo de comunicação utilizado para sistemas distribuídos e colaborativos, sendo a base para a comunicação na web.

Um servidor web ou servidor HTTP é um sistema computacional responsável por receber pedidos de clientes HTTP, em geral browsers (navegadores) web, tais como Internet Explorer, Mozilla Firefox, Google Chrome. Esses pedidos são processados conforme a requisição (execução de programas PHP, Asp etc.) e seu resultado é enviado para o cliente, geralmente documentos HTML com objetos multimídia incluídos (imagens, vídeos, arquivos flash etc.).

O mais popular servidor HTTP no momento é o servidor HTTP Apache. Criado em 1995 por Rob McCool, é atualmente mantido pela Apache Software Foundation (sendo seu principal projeto).

Para obter a versão mais recente do Apache, basta ir ao website https://httpd.apache.org. Lá é possível obter a versão estável atualmente disponível para o sistema operacional de que necessitarmos (aqui mostraremos a versão Windows).

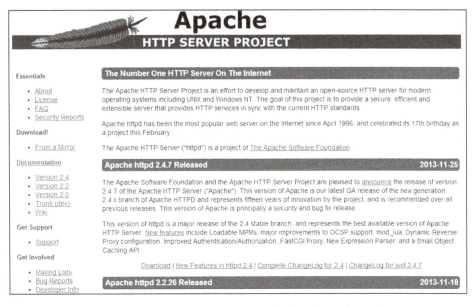

Figura 7.2 - Servidor HTTP Apache (httpd.apache.org)

A instalação é simples. Basta escolhermos a versão desejada do servidor (em geral a versão estável mais recente), baixar o instalador e seguir os passos mostrados.

Uma vez instalado o Apache, podemos baixar e instalar o PHP. O website www.php.net é o endereço oficial do PHP e é nele que encontraremos a versão mais recente do PHP.

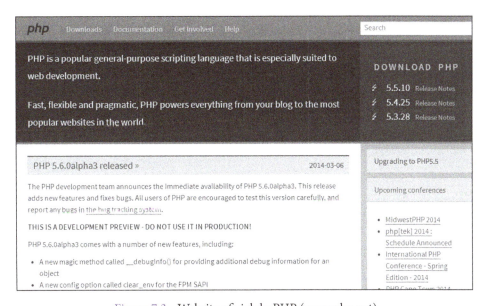

Figura 7.3 - Website oficial do PHP (www.php.net)

A tarefa aqui também é relativamente simples. Basta clicar na versão desejada (por exemplo, 5.5.10). Seremos então direcionados para a página de download do PHP. Nessa página escolheremos o sistema operacional desejado. No nosso caso, escolheremos o SO Windows, assim seremos levados para outro endereço web: windows.php.net. Nesse endereço poderemos baixar o instalador do PHP para Windows. Para instalar o PHP para Windows, basta seguirmos os passos sugeridos. Questões sobre a instalação podem ser solucionadas nos manuais do PHP (www.php.net/manual/pt_BR).

## 7.3 Arquitetura PHP

Uma vez que o cliente faz a requisição de uma página HTML (www.meusite.com.br/index.php, por exemplo) ao servidor web Apache, a requisição é atendida da seguinte forma (supondo que a página exista):

» o servidor Apache identifica que a página chamada é um documento PHP (pela extensão).

» o servidor Apache aciona o interpretador PHP (php.exe, por exemplo).

» o PHP processa a página e executa os comandos existentes.

» caso seja necessário acessar banco de dados ou outros elementos (geração de imagens etc.), o PHP carrega as extensões necessárias e realiza o processo determinado.

» o PHP retorna para o servidor Apache o resultado da execução do programa solicitado, ou seja, documento HTML.

» o servidor Apache envia o documento para o cliente (um browser web, por exemplo).

» o cliente processa o resultado e exibe-o para o usuário.

A Figura 7.4 mostra graficamente esse processo.

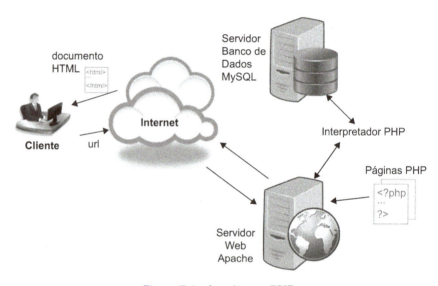

Figura 7.4 - Arquitetura PHP.

### Vamos recapitular?

Aprendemos um pouco sobre arquitetura cliente/servidor, em especial sobre o modelo 3 camadas. Conhecemos ainda um pouco sobre o servidor web Apache e sua integração com o PHP para a execução de sistemas com base no ambiente web.

### Agora é com você!

1) O que é a camada de apresentação no modelo 3 camadas?

2) No modelo 3 camadas, em qual camada estão os programas PHP?

# Linguagem PHP

## Para começar

Neste capítulo aprenderemos como trabalhar com PHP. Inicialmente veremos os conceitos básicos da linguagem, seus elementos, operadores e principais comandos. Descobriremos, ainda, como trabalhar com páginas, formulários web, imagens e banco de dados MySQL.

## 8.1 O que é PHP

PHP é acrônimo de Hypertext Preprocessor (Pré-Processador de Hipertexto), uma poderosa linguagem de programação open source, mundialmente utilizada, principalmente no ambiente web (apesar de existir a versão PHP-GTK para ambiente desktop).

Uma das características mais marcantes no PHP é sua capacidade de se misturar ao HTML, tornando mais fácil a geração de páginas web dinâmicas. Vejamos um exemplo da utilização do PHP:

```
<html>
   <body>
     <?php
        echo "Exemplo de um programa PHP";
     ?>
   </body>
</html>
```

Essa característica do PHP possibilita que o programador trabalhe com páginas web desenvolvidas por outros profissionais (um web designer, por exemplo), inserindo o código PHP nos locais necessários.

> **Fique de olho!**
>
> Essa característica do PHP, apesar de útil pode transformar-se em um grande problema, pois ao misturarmos de maneira demasiada códigos PHP e HTML podemos criar um código confuso e difícil de gerenciar. Sempre devemos procurar um equilíbrio, organizando o código PHP, isto é, deixando sempre que possível os comandos PHP agrupados em locais específicos das páginas (ou mesmo em arquivos separados, somente para o código).

Com o PHP, podemos gerar páginas web, acessar bancos de dados (praticamente todos os bancos de dados são suportados pelo PHP), produzir e manipular imagens, enviar e receber emails e várias outras funções importantes para o desenvolvedor web.

> **Amplie seus conhecimentos**
>
> Existem muitos websites com informações sobre o PHP, porém o endereço-base para toda e qualquer pesquisa deve ser o website oficial do PHP, que fica em www.php.net. É nesse website que você encontrará as versões mais recentes do PHP, manuais e várias outras informações importantes.

## 8.2 Sintaxe básica

Todos os comandos PHP devem estar demarcados por marcadores especiais <?php e ?>. O primeiro marcador (<?php) informa ao processador PHP o início de um grupo de comandos e o segundo marcador informa o término do grupo de comandos.

```
<?php
   echo "Inicio do bloco de comandos<br>";
   for($i=0;$i<=10;$i++) {
      echo $i . "<br>";
   }
   echo "Fim";
?>
```

Existem, ainda, os marcadores para comandos simples, geralmente utilizados dentro de páginas HTML para exibição de dados. Seu formato é <?= (dados) ?>. Esse formato é equivalente a <?php echo (dados); ?>. Veja o exemplo a seguir:

```
<html>
<body>
    <p>Hoje é <?=date("d-m-Y H:i:s")?></p>
</body>
</html>
```

O resultado no browser será a exibição da data e da hora atuais.

Todos os comandos PHP devem terminar obrigatoriamente com ; (ponto-e-vírgula), caso contrário será gerado um erro de sintaxe e o programa não será executado.

### 8.2.1 Comentários

Assim como a maioria das linguagens de programação, é possível inserir comentários nos programas PHP. O processador PHP aceita comentários de uma única linha ou de múltiplas linhas.

Os comentários de uma única linha devem ser identificados pelo marcador // e os comentários de múltiplas linhas pelos marcadores /* (início dos comentários) e */ (término). Os comentários não são enviados para o browser e seu principal objetivo é documentar o programa PHP.

```php
<?php
   /*
      Programa:     exemplo_comentarios.php
      Autor:        programador A
      Data:         dd/mm/aaaa
   */
// contador de 100 a 0
for($i=100;$i>=0;$i--) {
   echo $i . ",";
}
?>
```

## 8.2.2 Variáveis

Uma variável é utilizada em linguagem de programação para o armazenamento de valores e utilização dentro do programa. Uma variável representa um endereço de memória que contém dados que serão manipulados pelo programa.

Variáveis no PHP são representadas pelo sinal $ (cifrão) seguido de um identificador único. A regra para formação do identificador é a mesma para uma constante, ou seja:

- » deve iniciar por uma letra ou pelo símbolo subscrito (_).
- » pode conter letra, números ou subscrito (_).

O nome de uma variável é case sensitive, ou seja, o PHP diferencia maiúsculas de minúsculas, dessa forma $var é diferente de $Var, que é diferente de $VAR.

```php
<?php
   $var = "Livro";
   $VAR = "Programação WEB - PHP";
   echo "$var $VAR";
?>
```

O resultado da execução desse programa será "Livro Programação WEB - PHP".

**Fique de olho!**

Todo bom programador define um critério único para nomear suas variáveis e mantém esse critério por todo o projeto desenvolvido, por exemplo: você pode definir que suas variáveis são nomeadas conforme o tipo de dados armazenado, dessa forma variáveis com dados numéricos iniciam com N, textos com T, datas com D etc.

Cada variável é caracterizada pelo tipo de dados que está armazenando. O PHP disponibiliza oito tipos básicos, divididos em três grupos:

1) Escalares

- » Inteiros (Int)
- » Ponto Flutuante (Float ou Double)
- » Texto (String)
- » Booleanos (boolean)

Linguagem PHP

2) Compostos
   » Arrays
   » Objetos

3) Especiais
   » Recursos
   » NULO (Null)

O mais interessante é que você não precisa se preocupar em definir o tipo da variável, pois o PHP faz isso por você. Veja o exemplo seguinte:

```
<?php
   $i = 10; // Inteiro
   $nome = "Walace"; // String
   $falso = FALSE; // Booleano
   $valor = 100.50; /// Ponto flutuante
?>
```

Variáveis do tipo texto (string) suportam quatro tipos de delimitadores. Os principais são aspas duplas (") e aspas simples ('), porém suportam também os tipos especiais HEREDOC e NOWDOC. Estes dois tipos são, em geral, utilizados para definição de textos longos e que podem conter tanto aspas simples quanto duplas. Veja a seguir as características de cada tipo de delimitador.

» Aspas simples: Variáveis texto definidas com aspas simples suportam apenas textos, não traduzindo qualquer caractere especial (exceto o caractere \') .

```
$s = 'Texto simples';
```

» Aspas duplas: Variáveis texto definidas com aspas duplas possibilitam que, além de textos simples, sejam incluídos vários caracteres especiais. Além disso é possível inserir referências a outras variáveis.

```
$i = 10;
$s = "valor de i = $i";
```

» HEREDOC: Este formato permite que sejam construídos textos longos, podendo misturar variáveis, aspas simples, aspas duplas e caracteres de controle. Para tanto é necessário definir um delimitador para o texto, o qual não pode ser usado dentro do texto, isto é, deve ser utilizado apenas para delimitá-lo. Para definir o formato HEREDOC, devemos, logo após o operador =, inserir <<< (três sinais de menor) seguido do delimitador. O mesmo delimitador deve ser utilizado na finalização do texto.

```
$s = <<< EOL
```

Este é um exemplo de formato "HEREDOC"

```
EOL;
```

» NOWDOC: Este formato é muito semelhante ao formato HEREDOC. A diferença está na definição do delimitador, o qual deve ser informado entre aspas simples (somente no início de texto).

```
$s = <<< 'EOL'
```

Este é um exemplo de formato "NOWDOC"

```
EOL;
```

Os principais caracteres de controle são:

| Caracteres | Resultado |
|---|---|
| \n | linefeed (LF) |
| \r | carriage return (CR) |
| \t | tab (HT) |
| \\ | barra invertida |
| \$ | $ |
| \" | Aspas duplas |
| \0xxx | Um número octal |
| \xXX | Um número hexadecimal |

Outro tipo interessante no PHP são os arrays. Um array, também conhecido como vetor ou lista, é uma das formas elementares de estrutura de dados presentes nas linguagens de programação. No PHP, um array pode conter elementos de qualquer tipo (inteiro, string, booleano etc.), diferentemente de outras linguagens, que exigem a definição do array para um único tipo de dado.

Um array pode ser unidimensional ou multidimensional, em que um elemento do array aponta para outro array. A Figura 8.1 mostra graficamente o conceito de array multidimensional.

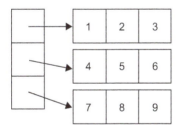

Figura 8.1 - Definição de array multidensional.

Os elementos de um array no PHP podem ser acessados por meio de índices (0, 1, 2, ...) ou por chaves associativas ("cor", "nome", ...).

Lembre-se de que o PHP é case sensitive, ou seja, diferencia maiúsculas de minúsculas, dessa forma "cor" é uma chave associativa diferente de "COR" e de "cOr".

Um array pode ser criado utilizando o construtor do PHP array() ou pelo que chamamos de construção implícita, em que apenas criamos um dos elementos do array. Veja os exemplos a seguir:

```
<?php
   $_array1 = Array();
   $_array2 = Array(10,15,30,101);
   $_array[10] = "PHP";
   $_array[1][6] = "Programação";
   $_array["nivel1"]["nome"] = "João";
?>
```

Veja que no exemplo temos índices numéricos e de texto. O PHP aceita ambos.

Linguagem PHP

## 8.2.3 Constantes

Uma constante é o identificador de um valor no PHP. Depois de especificada, uma constante não pode ser alterada ou removida. Para definir uma constante, utilizamos o comando define(), cuja sintaxe é:

```
define(<nome>,<valor>,[<case insensitive>])
```

Nesse caso, nome indica o nome da constante, o qual deve começar com uma letra ou com o caractere underline (_) seguido de letras, números ou caracteres subscritos.

Somente tipos escalares são aceitos como valores de uma constante, ou seja, somente inteiros, strings, pontos flutuantes e booleanos são aceitos pelo PHP.

O PHP considera o identificador de constantes case sensitive, ou seja, diferencia maiúsculas de minúsculas. Para torná-la case insensitive (não diferencia maiúsculas de minúsculas), devemos informar no terceiro parâmetro do comando define() o valor TRUE. Dessa forma uma constante com o nome 'CONST' pode ser acessada por qualquer combinação de maiúsculas e minúsculas (Const, const, cOnst etc.).

> **Fique de olho!**
> Não é muito aconselhável utilizar este parâmetro, somente em situações em que a constante é criada dinamicamente.

```php
<php
   define("VALOR",10);
   define("FRUTA","Manga",True);
   echo "Fruta = " . fruta; // ou Fruta ou FRUTA
   echo "Valor = " . VALOR; // Ok
   echo "Valor = " . Valor; // Não irá funcionar
   define("VALOR",990); // Provocará um erro
?>
```

Para saber se uma constante está definida, utilizamos o comando defined, cuja sintaxe é:

```
bool defined(<nome_consnte>)
```

Essa função retorna TRUE (verdadeiro) se a constante estiver definida.

Podemos acessar o valor de uma constante de duas maneiras: diretamente pelo seu identificador, como mostra o exemplo a seguir; ou por meio da função constant(<nome_constante>), que é útil quando temos constantes definidas dinamicamente.

```php
<?php
   define("VALOR",100);
   echo "Valor = " . VALOR;
   $c = "VALOR";
   echo "Valor = " . Constant($c); // Valor = 100
   if(defined($c)) {
      echo "Constante $c está definida";
   }
?>
```

O PHP disponibiliza uma série de constantes especificadas e muito úteis em várias situações. Conforme os módulos instalados, podemos ter mais ou menos constantes predefinidas.

Dentre as constantes predefinidas, existem cinco que são consideradas "mágicas", pois seus valores mudam conforme o contexto. Por exemplo, a constante mágica __LINE__ retorna o número da linha do script. As principais constantes "mágicas" são:

| | |
|---|---|
| __FILE__ | O nome do arquivo atual (script), incluído o caminho. |
| __DIR__ | Esta constante retorna o diretório do arquivo que está sendo executado. Se usado dentro do comando include, o diretório incluído é retornado. Esta constante é equivalente a dirname(__FILE__). |
| __LINE__ | O número da linha atual (em que está a constante). |
| __FUNCTION__ | O nome da função atual. |
| __CLASS__ | O nome da classe. |
| __METHOD__ | O nome do método da classe. |
| __NAMESPACE__ | O nome do namespace atual. |

## 8.2.4 Variáveis predefinidas e superglobais

PHP disponibiliza uma quantidade enorme de variáveis predefinidas, acessíveis por quaisquer scripts. As variáveis disponíveis dependem do ambiente no qual o PHP está rodando e de quais módulos estão carregados.

Para obter uma lista das variáveis predefinidas disponíveis, utilize a função get_defined_vars(), a qual retorna um array com todas as variáveis disponíveis no script, mas lembre-se de que, se você definiu alguma variável antes de rodar essa função, ela também será listada.

Dentro das variáveis predefinidas, o PHP disponibiliza as chamadas variáveis superglobais, que estão disponíveis em qualquer lugar do script, sem que seja necessário declará-las globais. A principal finalidade dessas variáveis é facilitar o acesso a dados enviados pelo servidor web (por exemplo, campos de um formulário).

As seguintes variáveis superglobais estão disponíveis:

» $GLOBALS: retorna um array associativo com referência para toda e qualquer variável atualmente disponível no escopo global do script. A chave desse array é o nome das variáveis.

» $_SERVER: contém as variáveis com informações relativas ao servidor web e ao ambiente de execução do script, por exemplo:

DOCUMENT_ROOT: diretório-raiz do script que está sendo executado.

PHP_SELF: nome do script em execução.

Para obter a relação completa das variáveis $_SERVER, execute o seguinte script:

```php
<?php
    $var = get_defined_vars();
    echo "<pre>";
    print_r($var["_SERVER"]);
    echo "</pre>";
?>
```

- » $_GET: contém as variáveis enviadas pelo método GET. Por exemplo, se chamarmos um script da seguinte forma: http://localhost/scriptx.php5?codigo=10& nome=Walace, temos que $_GET conterá dois elementos ("codigo" = 10, nome= "Walace").
- » $_POST: contém as variáveis enviadas pelo método HTTP POST, por exemplo, no envio de um formulário web.
- » $_COOKIE: contém as variáveis disponíveis como cookies, as quais são especiais, gravadas nas máquinas do usuário e recuperadas pelo browser.
- » $_FILES: esse array contém informações de arquivos enviados pelo computador cliente para o servidor web (por exemplo, quando no formulário web anexar uma foto ou um documento qualquer).
- » $_ENV: contém as variáveis de ambiente disponíveis no momento. Para obter uma lista das variáveis disponíveis, utilize o seguinte script:

```php
<?php
    $var = get_defined_vars();
    echo "<pre>";
    print_r($var["_ENV"]);
    echo "</pre>";
?>
```

- » $_REQUEST: este é um array com o mesmo conteúdo de $_GET, $_POST e $_COOKIE juntos, porém não é muito confiável, uma vez que variáveis com mesmo nome serão sobrepostas conforme o valor do parâmetro variables_order do arquivo php.ini (o padrão é EGPCS, ou seja, Env, Get, Post, Cookie e por último Server).
- » $_SESSION: contém as variáveis registradas na sessão corrente.

## 8.2.5 Escopo

Escopo é o contexto em que uma variável está definida, ou seja, no qual é possível acessá-la (recuperar seu valor). De modo geral, existe apenas o escopo do script, ou seja, a variável está disponível em qualquer parte do script, inclusive em arquivos carregados dentro do script. Isso só não é válido para funções e classes.

Para tornar uma variável disponível dentro de uma função, devemos utilizar dentro da função a palavra reservada global, seguida da relação de variáveis que desejamos que a função "enxergue".

Veja os exemplos a seguir.

```php
<?php
    $valor = 10;
    function dobro() {
        $valor = 6;
        $valor = $valor * 2;
        echo "\$valor na função " . __FUNCTION__ . " = " . $valor;
    }
    echo "\$valor = $valor <br>";
    dobro();
    echo "<br>\$valor = $valor";
?>
```

```php
<?php
   $valor = 10;
   function dobro() {
      global $valor;
      $valor = 6;
      $valor = $valor * 2;
      echo "\$valor na função " . __FUNCTION__ . " = " . $valor;
   }

   function metade() {
      $GLOBALS["valor"] = $GLOBALS["valor"] / 2;
      echo "\$valor na função " . __FUNCTION__ . " = " . $GLOBALS["valor"];
   }

   echo "\$valor = $valor <br>";
   dobro();
   echo "<br>\$valor = $valor <br>";
   metade();
   echo "<br>\$valor = $valor";
?>
```

No primeiro exemplo, a variável $valor dentro da função dobro() é diferente da variável $valor utilizada fora da função. Já no segundo exemplo utilizamos a mesma variável tanto dentro quanto fora da função.

## 8.2.6 Variáveis dinâmicas

Um recurso interessante do PHP é a utilização de nomes dinâmicos para variáveis, ou seja, o nome de uma variável pode ser determinado pelo conteúdo de outra variável. Isso é possível utilizando um duplo cifrão ($$) seguido pelo nome da variável cujo conteúdo será o nome da variável dinâmica. Vamos a um exemplo:

```php
<?php
   $nome_var = "codigo";
   $codigo = 9000;
   echo "$nome_var = " . $$nome_var;
?>
```

O resultado será codigo = 9000.

É possível ainda utilizar arrays com as variáveis, mas antes de tudo precisamos resolver o problema da ambiguidade, pois, quando referenciamos $$var[2], o que queremos é o valor da variável cujo nome está em $var[2] ou o conteúdo do elemento [2] do array $$var?

Para resolver esse dilema, devemos utilizar chaves ({}). Assim, se desejamos o valor da variável cujo nome está em $var[2], devemos escrever ${$var[2]}. Caso desejemos o conteúdo do elemento 2 do array $$var, devemos escrever ${$var}[2]. O exemplo seguinte esclarece isso:

```php
<?php
   $nomes = array("codigo","nome","cidade");
   $cidade = "São Paulo";
   $var = "nomes";
   echo ${$nomes[2]} . "<br>";
   echo ${$var}[1];
?>
```

Linguagem PHP

O resultado esperado será:

- São Paulo
- Nome

## 8.2.7 Envio de dados para o browser

A propriedade básica do PHP é a sua capacidade de enviar os resultados de seus scripts para o browser, interagindo diretamente com o HTML. Isso é possível das formas apresentadas a seguir.

### 8.2.7.1 Comandos echo e print

Os comandos echo() e print() não são realmente funções do PHP. Eles são o que chamamos de construtores da linguagem, por isso os parênteses não são obrigatórios. A sintaxe desses comandos é:

- echo (texto)
- print (texto)

Nesse caso, texto é qualquer string ou outro tipo (inteiro, ponto flutuante, arrays, objetos). Dessa forma, seguem-se as mesmas regras de definição do tipo string, tanto no que se refere ao conteúdo da string, ou seja, caracteres especiais, interpolação de variáveis, delimitadores (aspas simples, aspas duplas, sintaxe Heredoc), quanto no que se refere à conversão de tipos em string (ou seja, se você referenciar um array, obterá somente a palavra array). O exemplo seguinte é bem ilustrativo:

```php
<?php
   $valor = 10;
   $nome = "Carol";
   echo "Comandos echo e print <br>";
   echo $nome,$valor,"<br>"; // podemos separar os argumentos com virgula
   echo '$nome e $valor'; // teremos impresso $nome e $valor
   echo <<< EOL Este é um texto que utiliza a sintaxe heredoc
       Assim como mostrado na definição do tipo string
       Valor = $valor e nome = $nome
   EOL;
?>
```

Uma das diferenças entre echo e print é que print retorna sempre 1 como resultado (se você fizer $r = print $x, terá como resultado $r = 1). Além disso, podemos utilizar print em comandos ternários (veja o Capítulo 5).

```php
<?php
   $valor = TRUE;
   ($valor==TRUE) ? echo "Verdadeiro" : echo " Falso"; // Não funciona
   ($valor==TRUE) ? print "Verdadeiro" : print " Falso"; // funciona
?>
```

Sempre que for utilizar uma variável no comando echo, convém que por padrão a variável esteja entre colchetes, pois assim evitamos erro de interpretação do PHP. Veja o exemplo a seguir:

```php
<?php
   $texto = "programação WEB - PHP";
   echo "Livro : {$texto}<br>";
?>
```

## 8.2.7.2 Comando printf

O comando printf() (assim como seus parentes sprintf, vprintf) utiliza a formatação de string antes da impressão, ou seja, devemos indicar o formato e os dados que serão formatados. Sua sintaxe é:

```
printf(formato,[argumentos])
```

Argumentos são opcionais, caso não sejam informados (nem sejam necessários no formato). Somente o texto contido em formato será retornado.

A string formato pode conter zeros, uma ou várias diretivas de formatação. As diretivas são identificadas pelo caractere % seguido do tipo de diretiva. Os seguintes tipos estão disponíveis:

| | |
|---|---|
| % | O caractere %. |
| b | O argumento será tratado como um inteiro e mostrado como binário. |
| c | O argumento será tratado como um inteiro e mostrado como o caractere ASCII correspondente. |
| d | O argumento será tratado como um inteiro e mostrado como um decimal. |
| u | O argumento será tratado como um inteiro e mostrado como decimal sem sinal. |
| f | O argumento será tratado como ponto flutuante. |
| o | O argumento será tratado como um inteiro e mostrado como um octal. |
| s | O argumento será tratado como uma string. |
| x | O argumento será tratado como um inteiro e mostrado como hexadecimal (letras minúsculas). |
| X | O argumento será tratado como um inteiro e mostrado como hexadecimal (letras maiúsculas). |

Podemos, ainda, opcionalmente, acrescentar alguns parâmetros à diretiva antes do tipo:

» Justificação: o padrão é justificado à direita, porém o caractere - informa para justificar à esquerda.

» Caractere de preenchimento: o padrão é espaço, mas podemos informar o caractere 0 (zero), o qual é útil na formatação de números.

» Tamanho mínimo: o número mínimo de caracteres aceito no argumento. Caso o argumento tenha menos caracteres, ele será completado com a quantidade necessária de caracteres de preenchimento.

» Precisão: informa o número de casas decimais para um argumento ponto flutuante (não tem validade para outros tipos). Deve ser precedido pelo ponto (.).

```
<?php
   $dia = date("d");
   $mes = date("m");
   $ano = date("Y");
   printf("%04d-%02d-%02d", $ano, $mes, $dia);
   $vlr = 1235.50;
   $vlr2 = 502.23;
   $sld = $vlr - $vlr2;
   printf("%01.2f", $sld);
?>
```

O resultado será algo como:

» 2014-03-13
» 733.27

## 8.3 Operadores

Você pode pensar em operador como um transformador, o qual, fornecidos um ou mais valores ou expressões, transforma-os em outro valor. Dessa forma você pode considerar funções e construtores da linguagem que retornam um valor como um operador (print(), por exemplo).

No PHP existem três grupos de operadores. São eles os operadores unários, os quais, como o nome sugere, manipulam um único valor, por exemplo os operadores ! (negação) e ++ (incremento). Existem ainda os operadores binários, que manipulam dois valores ou expressões e retornam um valor, por exemplo OR (ou) e >= (maior ou igual), sendo a maioria dos operadores no PHP dessa categoria. Finalmente existe o operador ternário, que retorna um valor entre dois possíveis, conforme o resultado de um terceiro valor ou expressão. Só existe um operador ternário no PHP.

Os operadores são divididos nas seguintes categorias:

» Operadores Aritméticos
» Operadores de Atribuição
» Operadores Bitwise (manipulação de bits)
» Operadores de Comparação
» Operadores de Incremento/Decremento
» Operadores Lógicos
» Operadores de Strings

### 8.3.1 Operadores aritméticos

Nesse grupo de operadores estão as operações matemáticas básicas, tais como somar, subtrair, multiplicar e dividir. São eles:

| Operador | Objetivo | Exemplo |
|---|---|---|
| + | Adição | $valor+$acréscimo |
| - | Subtração | $valor–$desconto |
| * | Multiplicação | $valor*10 |
| / | Divisão | $valor/5 |
| % | Módulo (resto da divisão) | $valor % 2 |

### 8.3.2 Operadores de atribuição

O operador de atribuição deve ser utilizado quando desejamos atribuir o valor da expressão que está à sua direita ao operando (geralmente uma variável) que está à sua esquerda (quase como se fosse um "igual a", mas na verdade temos uma atribuição por valor, ou seja, uma cópia).

O operador básico de atribuição é o sinal de igual (=), assim podemos fazer $valor = $total +5.

É possível ainda realizar operações combinadas, tais como $valor = ($total = 12) − 7. Dessa forma, teremos $total = 12 e $valor = 5.

Além desse formato básico, podemos combinar o operador de atribuição com todos os operadores aritméticos e de string. Assim, temos os seguintes operadores de atribuição:

| Operador | Objetivo | Exemplo |
|---|---|---|
| = | Atribuição | $valor = $total + 5 |
| = & | Atribuição por referência | $valor = & $total |
| += | Atribuição e adição | $valor+=5 ($valor = $valor + 5) |
| -= | Atribuição e subtração | $valor-=2 ($valor = $valor − 2) |
| *= | Atribuição e multiplicação | $valor*=10 ($valor = $valor * 10) |
| /= | Atribuição e divisão | $valor/=3 ($valor = $valor / 3) |
| %= | Atribuição e módulo | $valor%=$a ($valor = $valor % $a) |
| .= | Atribuição e concatenação | $texto.=$s ($texto = $texto . $s) |

## 8.3.3 Operadores bitwise

Os operadores bitwise possibilitam a manipulação dos bits de inteiros ou de strings (os operadores vão manipular cada caractere de string).

Os operadores bitwise disponíveis são:

| Operador | Objetivo | Exemplo |
|---|---|---|
| & | E (and) | $vlr & $vlr2 |
| \| | Ou (OR) | $vlr \| $vlr2 |
| ^ | Ou exclusivo (Xor) | $vlr ^ 10 |
| ~ | Negação (NOT) | ~ $vlr |
| << | Deslocamento à esquerda | $vlr << 2 |
| >> | Deslocamento à direita | $vlr >> 3 |

Lembre-se de que os operadores manipulam os bits dos valores, portanto o operador & (E) compara todos os bits de ambos os valores, retornando 1 (verdadeiro) se ambos forem verdadeiros, por exemplo 4 & 7 = 4, já que 4 na base 2 = 100 e 7 na base 2 = 111.

Os operadores << e >> funcionam como multiplicadores e divisores, conforme o número de deslocamentos, ou seja, cada deslocamento multiplica ou divide o operando à esquerda do operador por 2. Assim teremos que 10 << 2 = 40 (10 * 2 * 2) e 120 >> 1 = 60. Mas lembre-se de que o resultado sempre será um inteiro, dessa forma, 121 >> 1 = 60.

## 8.3.4 Operadores de comparação

Os operadores de comparação, como o próprio nome diz, comparam dois valores, retornando verdadeiro ou falso.

Os seguintes operadores de comparação estão disponíveis no PHP:

| Operador | Objetivo | Exemplo |
|---|---|---|
| == | Igualdade | $valor == $a (retorna verdadeiro se $valor for igual a $a) |
| === | Idênticos | $v===$a (retorna verdadeiro se $v for igual a $a e ambos forem do mesmo tipo) |
| != | Diferente | $v!=10 (retorna verdadeiro se $v for diferente de 10) |
| <> | Diferente | $v<>10 (o mesmo que $v!=10) |
| !== | Não idênticos | $v!==$a (retorna verdadeiro se $v for diferente de $a ou se não forem do mesmo tipo) |
| < | Menor | $v<$b (retorna verdadeiro se $v for menor que $b) |
| <= | Menor ou igual | $v<=10 (retorna verdadeiro se $v for menor ou igual a 10) |
| > | Maior | $v>$b (retorna verdadeiro se $v for maior que $b) |

**Fique de olho!**

Não confunda o operador de atribuição (=) com o operador de comparação (==).

## 8.3.5 Operadores lógicos

Os operadores lógicos realizam comparações entre expressões (com exceção do operador !, que é unário, todos os outros operadores são binários), retornando verdadeiro ou falso como resultado.

Os seguintes operadores lógicos estão disponíveis no PHP:

| Operador | Objetivo | Exemplo |
|---|---|---|
| AND | E | ($v==10) AND ($b>1000) - retorna verdadeiro se $v for igual a 10 e se $b for maior que 1000 |
| OR | Ou | ($v==10) OR ($b>1000) - retorna verdadeiro se $v for igual a 10 ou se $b for maior que 1000 |
| XOR | Ou exclusivo | ($v==10) XOR ($b>1000) - retorna verdadeiro se $v for igual a 10 ou se $b for maior que 1000, mas não se ambos forem verdadeiros |
| ! | Negação | !($v==10) - retorna verdadeiro se $v for diferente de 10 |
| && | E | O mesmo que AND |
| \|\| | Ou | O mesmo que OR |

## 8.3.6 Operadores de incremento/decremento

Os operadores de incremento/decremento possibilitam que sejam feitas adições e subtrações diretamente na variável informada, mas sempre operações unitárias, isto é, soma-se 1 ou subtrai-se 1 à variável. Os operadores de incremento e decremento são ++ e --.

Existem duas formas de incremento/decremento: Pós e Pré. Na primeira forma, o PHP retorna o valor da variável antes de incrementá-la/decrementá-la. Isso é feito colocando-se o operador após a variável que desejamos alterar. Veja o exemplo:

```php
<?php
   $v = 10;
   $a = $v++;
   $v++;
   echo "{$a}   ::   {$v}"
?>
```

Teremos como resultado 10 :: 12.

Na segunda forma, o PHP primeiramente incrementa/decrementa a variável e depois retorna o seu valor. Para termos um pré-incremento/decremento, devemos utilizar o operador antes da variável a ser manipulada. Alterando-se o exemplo anterior:

```php
<?php
   $v = 10;
   $a = ++$v;
   ++$v;
   echo "$a   ::   $v";
?>
```

O resultado agora será 11 :: 12.

### 8.3.7 Operador de strings (textos)

O único operador de string disponível é o operador de concatenação (temos também a junção dele com o operador de atribuição, o qual foi mostrado no Item 5.2).

O operador de concatenação é representado pelo . (ponto). O resultado desse operador é a junção das duas strings informadas (podemos unir outros tipos com esse operador, mas o PHP realiza a conversão, conforme as regras de conversão de tipos em string, antes de concatená-los).

```php
<?php
    $titulo = "Programação WEB";
    $titulo_final = $titulo . " - PHP";
?>
```

O conteúdo de $titulo_final será Programação WEB - PHP.

### 8.3.8 Precedência

Para que o PHP avalie de forma ordenada todas as operações de uma sentença, faz-se necessária uma ordenação da preferência dos operadores, ou seja, qual operador deve ser avaliado primeiro, qual deve ser avaliado em segundo lugar e assim sucessivamente. Para isso existe uma tabela de ordem de precedência, a qual é mostrada em seguida. Os operadores com o mesmo nível de precedência são avaliados em qualquer ordem, pois não alteram o resultado.

A tabela a seguir mostra a ordem de precedência da mais baixa para a mais alta.

| Operador |
| --- |
| or |
| xor |
| and |
| = += -= *= /= .= %= &= \|= ^= <<= >>= |
| ? : |
| \|\| |
| && |
| \| |
| ^ |
| & |
| == != === !== |
| < <= > >= |
| << >> |
| + - . |
| * / % |
| ! ~ ++ -- (int) (float) (string) (array) (object) @ |

## 8.4 Estruturas de controle

Toda linguagem, e o PHP não está fora desta categoria, necessita de mecanismos para controlar o fluxo do programa, sem os quais seria impossível (ou praticamente) implementar uma lógica qualquer, seja ela simples ou complexa. As estruturas de controle possibilitam que realizemos, dentro dos scripts, tarefas como executar um grupo de instruções se uma expressão for verdadeira, ou ainda repetir um grupo de instruções em uma quantidade finita de vezes, ou até que uma condição seja satisfeita, ou ainda enquanto uma condição não for satisfeita.

Neste item, discutiremos essas estruturas de controle, desde o if..elseif..else, passando pelo do..while, até a estrutura require, para inserção de trechos de códigos dentro de um programa PHP.

### 8.4.1 if..elseif..else

O construtor if é um dos mais importantes elementos para qualquer linguagem, pois possibilita que grupos de comandos (o grupo de instruções deve estar delimitado por chaves {}) sejam executados conforme o resultado de uma expressão ou de múltiplas expressões, ou seja, caso o resultado da avaliação seja verdadeiro, o bloco será executado; caso contrário, o fluxo seguirá em frente.

Há ainda os opcionais elseif e else. Caso a expressão avaliada em if retorne falso e exista um elseif, ele será avaliado; e, caso ele retorne verdadeiro, o grupo de instruções relacionadas será executado; caso contrário (se retornar falso), o próximo elseif, se existir, será avaliado. Se todos os elseif existentes retornarem falso, o grupo de instruções relacionado ao else, caso exista um, será executado.

Dessa forma, podemos ter vários elseif, mas apenas um else. A sintaxe completa do comando if..elseif..else é:

```
If(expressão) {
   grupo de comandos
}
elseif(expressão) {
   grupo de comandos
}
elseif...
else {
   grupo de comandos
}
```

As expressões serão sempre avaliadas como verdadeiro (TRUE) ou falso (FALSE), conforme regra de conversão de tipos em booleano (para mais detalhes, veja o Capítulo 3 - Tipos no PHP).

Como mencionado anteriormente, elseif e else são opcionais, ou seja, podemos ter uma forma curta de representação da estrutura:

```
If(expressão) {
   grupo de comandos
}
```

Caso exista apenas uma instrução a ser executada, podemos dispensar as chaves, mas isso não é muito aconselhável, pois, se precisarmos acrescentar instruções ao bloco condicional (e isso acontece com muita frequência) e esquecermos de inseri-las, a lógica do programa ficará incorreta. Se não existem as chaves, o PHP entende que somente a instrução imediatamente seguinte ao if pertence ao bloco condicional.

```
<?php
   if($valor<=15) {
      echo "Valor menor que 15";
   }
   elseif($valor<=100) {
      echo "Valor entre 15 e 100";
   }
   elseif($valor<=1000) {
      echo "Valor maior que 100 e menor ou igual a 1000";
   }
   else
      echo "Valor acima de 1000";
?>
```

## 8.4.2 while e do..while

As estruturas while e do..while executam um grupo de comandos (ou apenas um único comando) repetidas vezes, enquanto determinada condição for verdadeira, ou seja, a cada interação do loop a expressão fornecida é avaliada e, caso seja verdadeira, uma nova rodada é executada; caso contrário (se for avaliada como falsa), a repetição é interrompida.

A sintaxe dessas estruturas é:

```
while(expressão) {
    grupo de comandos
}
do {
    grupo de comandos
} while(expressão);
```

A diferença básica entre while e do..while é que o grupo de instruções de while pode ser executado 0 (zero) ou mais vezes, pois, se na primeira interação a expressão for avaliada como falsa, o loop não será iniciado. Já na estrutura do..while, o grupo de instruções será executado pelo menos uma vez, pois a avaliação da expressão só é feita ao final do loop. Assim, mesmo que inicialmente a expressão a ser avaliada seja falsa, pelo menos uma iteração do loop será executada. Veja essa diferença no exemplo:

```
<?php
    $i=10;
    echo "Primeiro while: ";
    while($i>0) {
        echo "$i ... ";
        $i--;
    }
    $k=10;
    echo "<br>Primeiro do..while: ";
    do {
        echo "$k ... ";
        $k--;
    } while($k>0);
    echo "<br>Segundo while (não teremos nenhuma iteração): ";
    while($i>0) {
        echo "$i / ";
        $i--;
    }
    echo "<br>Segundo do..while (1 iteração): ";
    do {
        echo "$k ... ";
        $k--;
    } while($k>0);
?>
```

### 8.4.3 for

A estrutura de controle For realiza repetições (loops) de estrutura complexa, facilitando o trabalho do desenvolvedor PHP para criar lógicas mais sofisticadas e complexas. Sua sintaxe é:

```
for(expressão_1;expressão_2;expressão_3) {
    grupo de comandos
}
```

A lógica do comando for é a seguinte:

» Expressão_1 é avaliada apenas uma vez, na primeira iteração. Ela geralmente é utilizada para inicializar a variável de controle do loop, por exemplo $i=0.

- » Expressão_2 é avaliada no início de cada iteração do loop; e, caso retorne falso, o for é encerrado. Dessa forma a expressão_2 pode ser considerada o condicional do loop, por exemplo $i<=10.
- » Expressão_3 é avaliada ao final de cada iteração do loop, sendo em geral utilizada para alterar a variável de controle do loop, por exemplo $i++. Podemos incluir outras instruções aqui, por exemplo: print $i, $i++.

As três expressões podem ser, inclusive, vazias, possibilitando que façamos qualquer tipo de controle dentro do próprio loop (se as três forem vazias, teremos um loop infinito e necessitaremos da instrução break para encerrá-lo).

```
<?php
   for($i=0;$i<=10;$i++) {
      echo "$i ... ";
   }
   for(print "<br>";$i>=0;$i--) {
      echo "$i ... ";
   }
   echo "<br>";
   for(;;) {
      if($i>20) {
        break;
      }
      echo "$i ... ";
      $i++;
   }
   echo "<br>";
   for($i=5;$i<=30;print "$i ... ", $i+=5);
?>
```

## 8.4.4 Foreach

Foreach possibilita que seja realizada uma varredura completa em arrays, e deve ser utilizado somente com esse tipo de variável. Quaisquer outras variáveis ou mesmo uma variável não inicializada causam um erro no script. O que foreach faz é varrer todo o array e retornar seus valores, ou opcionalmente suas chaves e valores.

Existem duas sintaxes para foreach. A primeira retorna somente os valores e a segunda retorna tanto as chaves quanto os valores do array informado:

```
foreach(array as variavel_valor)
```

ou

```
foreach(array as variavel_chave => variavel_valor)
```

Dessa forma, entende-se que, a cada iteração, o valor do elemento atual, ou a chave e o valor do elemento atual, é retornado nas variáveis especificadas, e o ponteiro do array é movido para o elemento seguinte do array. Caso não exista mais nenhum elemento no array, o foreach é terminado.

```php
<?php
  $arr = array(10,15,23,56,101,205);
  foreach($arr as $vlr) {
     echo "$vlr <br>";
  }
  $arr_2 = array("um"    => "one",
                 "dois"  => "two",
                 "três"  => "three",
                 "quatro" => "four",
                 "cinco" => "five");
  foreach($arr_2 as $chv => $vlr) {
     echo "$chv = $vlr <br>";
  }
?>
```

**Fique de olho!**

Caso o array informado seja multidimensional, o conteúdo retornado em variável_valor será também um array. Dessa forma, para acessarmos os valores finais desse array, devemos utilizar vários comandos foreach aninhados. Por exemplo:

```php
<?php
  $arr[0][0] = 10;
  $arr[0][1] = 50;
  $arr[1][0] = 12;
  $arr[1][1] = 23;
  $arr[1][3] = 35;
  $arr[2][1] = 10;
  foreach($arr as $chv => $vlr) {
     foreach($vlr as $chv_1 => $vlr_1) {
       echo "\$arr[$chv][$chv_1] = $vlr_1 <br>";
     }
  }
?>
```

## 8.4.5 Switch

O switch funciona como uma série de if juntos, testando vários valores para uma mesma variável ou expressão. A vantagem do switch é uma melhor organização do código.

Sua sintaxe é:

```
switch(variável ou expressão) {
   case valor1:
           grupo de comandos
           [break]
   case valor2:
           grupo de comandos
           [break]
   ...
   default:
           grupo de comandos
}
```

A variável ou expressão informada é testada em cada uma das cláusulas case até que seja encontrada uma cláusula coincidente. Quando isso acontece, todas as instruções seguintes são executadas até que seja encontrada uma cláusula break (opcional - podemos construir um switch sem break) ou o fim da estrutura de controle switch. Caso não seja encontrada nenhuma cláusula case que satisfaça o valor da variável (ou expressão) e se existir, a cláusula default será executada.

Note que, se tivermos várias cláusulas case e somente a última tiver a instrução break, não importa em que ponto (em qual cláusula) será iniciada a execução. Todas as instruções até a instrução break serão executadas (nesse caso, até a última cláusula case).

```php
<?php
// primeiro uma estrutura if.elseif..else
  if($i==1) {
     echo "o valor é 1";
  }
  elseif($i==3) {
     echo "o valor é 3";
  }
  elseif($i==5) {
     echo "O valor é 5";
  }
  else {
     echo "Valor diferente de 1, 3 e 5";
  }
// A mesma estrutura com switch
switch($i) {
   case 1: echo "o valor é 1";
                  break;
   case 3: echo "o valor é 3";
                  break;
   case 5: echo "o valor é 5";
                  break.;
   default:echo "Valor diferente de 1, 3 e 5";
}
// Exemplo de switch sem break;
switch($vlr) {
   case 0: $i++;
   case 1: $i++;
   case 2: $i+=2;
   case 3: $i--;
                  echo "O valor final é $i";
                  break;
   case 4: echo "$i para \$vlr = $vlr";
  }
?>
```

No último trecho do exemplo anterior, teremos valores diferentes conforme o ponto de entrada do switch; e ainda, caso a variável $vlr seja igual a 0, todas as instruções até a instrução break na cláusula "case 3" serão executadas ($i++, $i++, $i+=2, $i--, echo "O valor final é=$i"). Caso seja igual a 1, todas as instruções até o mesmo ponto de parada serão executadas ($i++, $i+=2, $i--, echo "O valor final é=$i").

## 8.4.6 Break

A instrução break afeta a execução dos comandos for, foreach, while, do..while e switch, permitindo que eles sejam encerrados em qualquer lugar do grupo de instruções, ou seja, podemos avaliar uma expressão e, conforme o seu resultado, encerrar o loop.

```php
<?php
   for($i=0;$i<=1000;$i+=2) {
      echo "$i ... ";
      if($i==100) {
        break;
      }
   }
?>
```

No exemplo anterior, apesar de o for ter como condição de término $i maior que 1000, ele será encerrado quando $i for igual a 100.

Opcionalmente, o comando break pode receber um valor, indicando quantos níveis devem ser encerrados, ou seja, caso existam várias estruturas de controle aninhadas (múltiplos níveis), podemos informar qual nível deve ser encerrado (se não informarmos nenhum valor, o nível atual será encerrado), por exemplo break 2, break 3.

### 8.4.7 Continue

Assim como break, a instrução continue possibilita que a execução do loop seja alterada; mas, diferentemente de break, não encerramos o loop, apenas informamos ao PHP para encerrar a iteração atual e iniciar a seguinte.

Também é possível informarmos qual nível será afetado pela instrução continue (assim como em break, só é válida se estivermos em um alinhamento de loops).

```php
<?php
   $i = 0;
   while($i<=15) {
      $i++;
      echo "<br>$i = ";
      for($j=(int)($i/2);$j<$i+4;$j+=2) {
        if($j%2==0) {
              continue;
        }
        if($j==10) {
              continue 2;
        }
        echo "$j,";
      }
   }
?>
```

### 8.4.8 Include, include_once, require, require_once

As instruções require e include (e seus complementares require_once e include_once) têm por objetivo inserir pedaços de códigos PHP (ou códigos inteiros) no script atual. A diferença entre require e include está na forma como tratam erros gerados na carga do arquivo informado, pois, enquanto include produz apenas uma mensagem de aviso (warning), a instrução require produz um erro fatal (fatal error), encerrando a execução do programa. A sintaxe dessas instruções é:

```
include(nome do arquivo)
```

e

```
require(nome do arquivo)
```

Note que o PHP utiliza as mesmas regras nos arquivos inseridos que utiliza para um programa qualquer PHP, ou seja, procura marcadores (tags) PHP (<?php, <?=,...) para iniciar o processamento dos comandos PHP. Tudo que não estiver dentro das tags PHP será considerado texto HTML e processado como tal, ou seja, será enviado ao browser (navegador) sem nenhuma transformação.

Outro ponto importante é o escopo de variáveis, uma vez que, a partir do ponto em que o arquivo é incluído, todas as variáveis utilizadas no programa chamador (programa que fez a inclusão de outros arquivos PHP) até esse ponto estarão disponíveis para o script incluído; e, após esse ponto, as variáveis utilizadas dentro do arquivo incluído estarão disponíveis para o programa chamador.

```php
<?php
  // variaveis.inc
  $MESES = Array("Jan","Fev","Mar","Abr","Mai","Jun",
                 "Jul","Ago","Set","Out","Nov","Dez");
  $DIAS = Array("Seg","Ter","Qua","Qui","Sex","Sab","Dom");
?>
<?php
  // script1.php5
  print_r($DIAS);
  include("variaveis.inc");
  print_r($DIAS);
  print_r($MESES);
?>
```

As instruções include_once e require_once têm as mesmas funcionalidades que include e require, porém com uma diferença fundamental: o PHP verifica se o arquivo que estamos tentando incluir no script atual já foi incluído anteriormente. Se já tiver sido, ele não será incluído novamente (isso é muito útil em códigos dinâmicos com muitas includes e requires, pois nem sempre sabemos ao certo quais arquivos já foram incluídos).

**Fique de olho!**

Os comandos include_once e require_once são case sensitive para os nomes de arquivos, mesmo que o sistema operacional não o seja (no Windows, por exemplo). Dessa maneira, include_once("arq.inc") e include_once("Arq.inc") são diferentes e serão incluídos pelo PHP (no caso do Windows, teremos a inclusão do mesmo arquivo duas vezes).

## 8.5 Reaproveitamento de códigos: funções

Para que os programas fiquem organizados e fáceis de manter, e até mesmo para que seja possível implementar a lógica definida para o programa, precisamos frequentemente executar partes de códigos em vários pontos do script. Caso a linguagem não disponibilize uma forma de reaproveitamento desses pedaços de código, geralmente com uma tarefa específica, teremos de repeti-los sempre que necessário. O PHP resolve isso com funções. Uma função é um subprograma que executa uma série de instruções e pode retornar ou não um valor como resultado.

Para criarmos uma função, devemos utilizar a palavra reservada function seguida do nome da função, o qual deve ser único no script (não pode haver coincidência com as funções internas do PHP). Em seguida, podemos informar dentro de parênteses a relação de argumentos da função (veja o Item 7.2 a seguir) e finalmente devemos inserir o código da função (todas as instruções pertinentes à função) delimitado por chaves ({}). Em suma, temos:

```
function nome_função (argumentos) {
    grupo de comandos da função
}
```

> **Fique de olho!**
>
> O nome de uma função, diferentemente de variáveis e constantes, não é case sensitive, ou seja, não existe diferença entre minúsculas e maiúsculas (minha_função é igual a Minha_Função).
>
> Os parênteses são obrigatórios, ou seja, mesmo que não tenhamos argumentos na função, devemos incluir os parênteses após o nome da função.

Qualquer instrução PHP pode estar em uma função, inclusive em outras funções e classes.

Uma função pode estar em qualquer lugar do script, inclusive após a sua chamada, ou seja, não precisamos especificar uma função antes de chamá-la.

```
<?php
    echo "Chamando uma função";
    minha_função();
    echo "Fim";
    function minha_função() {
        echo "<br>";
        for($i=0;$i<5;$i++) {
            echo "o Quadrado de " . $i . "é" " " . ( $i*$i);
        }
    }
?>
```

Em muitas situações, precisamos enviar um ou mais valores para serem utilizados pelas funções. Os valores passados são chamados de parâmetros ou argumentos da função.

Uma função pode ter zero ou mais argumentos e, para declará-los, basta informá-los na declaração da função. Se tivermos mais de um argumento, eles devem ser separados por vírgula (,).

```
<?php
  function quadrado($valor) {
    echo "Quadrado de $valor é: " . ($valor*$valor)
  }
  quadrado(4);
?>
```

A regra-padrão para argumentos de uma função é que eles são passados por valor, ou seja, a função utiliza uma cópia da variável passada (ou expressão) e não a variável em si. Dessa forma, as alterações ocorridas dentro da função não afetam a variável original.

```
<?php
  function quadrado($valor) {
    $val_orig = $valor;
    $valor *= $val_orig;
    echo "Quadrado de $val_orig é: " . $valor;
  }
  $valor = 12;
  quadrado($valor);
  echo "<br>$valor";
?>
```

Para alterar esse comportamento, ou seja, para que um argumento seja passado como referência, devemos utilizar o operador & antes do nome do argumento. Dessa forma, qualquer alteração realizada na função reflete na variável original.

```php
<?php
   function quadrado(& $valor) {
      $val_orig = $valor;
      $valor *= $val_orig;
      echo "Quadrado de $val_orig é: " . $valor;
   }
   $valor = 12;
   echo "Valor original: $valor <br>";
   quadrado($valor);
   echo "<br>Valor atual: $valor";
?>
```

É possível ainda definir um valor-padrão para um ou mais argumentos da função. Dessa forma, caso a chamada à função não especifique o valor do argumento, ele assume o valor-padrão estabelecido na função.

```php
<?php
   function sabor($tipo="Suco", $sabor="Laranja") {
      echo "O Sabor do $tipo escolhido foi $sabor <br>";
   }
   sabor();
   sabor("Sorvete","Flocos");
   sabor("Chocolate");
?>
```

Na primeira chamada à função - no exemplo anterior, sabor() –, ela utilizará o valor-padrão definido para os argumentos 1 e 2, neste caso, "Suco" e "Laranja".

### Fique de olho!

Quando existem argumentos com valores-padrão e argumentos que não têm valores-padrão, aqueles que os têm devem ser os últimos na declaração da função, ou seja, os seguintes exemplos são válidos:

```
Function minha_função($v1,$v2,$v3=0);
Function minha_função($v1=0,$v2=0,$v3=0);
Function minha_função($v,$v1=10,$v2=0,$v3=5);
```

E estes não vão funcionar:

```
Function minha_função($v1,$v2=0,$v3);
Function minha_função($v1=0,$v2,$v3);
```

É possível a uma função retornar um valor, o qual pode ser de qualquer tipo aceito pelo PHP (inteiro, ponto flutuante, booleano, string, array etc.).

Para isso devemos utilizar a instrução return seguida do valor que desejamos retornar (ou expressão).

```php
<?php
  function cubo($valor) {
    $cubo = $valor*$valor*$valor;
    return $cubo;
  }
  $valor = 7;
  echo "O Cubo de $valor é " . cubo($valor);
?>
```

Outra característica interessante, e às vezes extremamente útil, é a recursividade de funções, isto é, uma função pode chamar ela mesma. Dessa forma, podemos realizar cálculos complexos de modo mais simples e prático. O ponto de atenção nessa estrutura recursiva é que sempre precisamos de um ponto de parada, caso contrário, teremos um loop infinito.

Tomemos como exemplo a clássica função fatorial, cuja fórmula é:

n! = n * (n-1)!

0!=1!=1. Com esses dados podemos construir a função fatorial:

```php
<?php
  function fatorial($n) {
    if($n<0) {
      return "Não existe fatorial de número negativo";
    }
    elseif($n<=1) {
      return 1;
    }
    else {
      return $n * fatorial($n-1);
    }
  }
  $v = 10;
  echo "Fatorial de $v = " . fatorial($v);
?>
```

**Amplie seus conhecimentos**

Entender perfeitamente o desenvolvimento de funções no PHP é fundamental para uma boa programação. Para conhecer mais detalhes sobre este assunto e aumentar seu conhecimento e melhorar sua técnica, recomendamos o endereço www.php.net/manual/pt_BR/language.functions.php. Nesse site, você encontrará informações sobre funções variáveis, funções anônimas e outros detalhes interessantes sobre o uso de funções.

## 8.6 Processamento de formulários

PHP é uma linguagem totalmente direcionada ao mundo web e uma de suas principais características é o processamento de formulários, isto é, o tratamento dos dados enviados por um formulário HTML (é também muito utilizada para gerar os próprios formulários).

Tomaremos por base um cadastro de usuários. Esse cadastro deverá conter os seguintes campos:

- » Nome do usuário.
- » Endereço.
- » Bairro.
- » CEP.
- » Cidade.
- » Estado.
- » Email.

Agora, construamos o formulário HTML para que seja possível informar os dados do usuário. Um dos pontos importantes é informar ao browser como os dados devem ser enviados e qual o nome do programa que receberá os dados enviados pelo browser. Para isso devemos utilizar dois parâmetros no marcador (tag) FORM:

- » METHOD: Esse parâmetro aceita dois valores, GET ou POST. O mais recomendável é utilizar POST, pois GET tem limite de tamanho e problemas de segurança, pois expõe os dados no endereço URL que será chamado.
- » ACTION: Aqui informamos o programa (URL) que receberá os dados enviados pelo browser.

Note no código HTML a seguir que utilizaremos o programa cadastro_usuario.php para processamento dos dados enviados.

```
<html>
<head>
   <title>programação WEB - PHP</title>
</head>
<body>
   <form name="usr" method="POST" ACTION="cadastro_usuario.php">
   <table border="0" cellpadding="5" cellspacing="5">
   <tr>
      <td colspan=2 height="30" style="font-weight:bold;">
      <b>Cadastro de Usuário</b>
      </td>
   </tr>
   <tr>
      <td colspan=2 height="30"><font color="#0000A0">
      <b>Informe seus dados:</b></font>
      </td>
   </tr>
   <tr>
      <td width="25%" height="30">Nome:</td>
      <td height="30" >
      <input type="text" name="NOME" size="30">
      </td>
   </tr>
   <tr>
      <td width="10%" height="30" valign="top">Endereço:</td>
      <td height="30" ><input type="text" name="ENDERECO" size="30">
      </td>
   </tr>
   <tr>
      <td width="10%" height="30">Bairro:</td>
      <td height="30">
      <input type="text" name="BAIRRO" size="30">
      </td>
   </tr>
```

```html
      <tr>
        <td width="10%" height="30">CEP:</td>
        <td height="30">
        <input type="text" name="CEP" size="10">
        </td>
      </tr>
      <tr>
        <td width="10%" height="30">Cidade:</td>
        <td height="30">
        <input type="text" name="CIDADE" size="30">
        </td>
      </tr>
      <tr>
        <td width="10%" height="30">Estado:</td>
        <td height="30">
        <select name="UF">
          <option value="SP">São Paulo</option>
          <option value="RJ">Rio de Janeiro</option>
          <option value="ES">Espirito Santo</option>
          <option value="MG">Minas Gerais</option>
          <option value="RS">Rio Grande do Sul</option>
          <option value="AM">Amazonas</option>
          <option value="CE">Ceará</option>
          <option value="BA">Bahia</option>
        </select>
        </td>
      </tr>
      <tr>
        <td width="10%" height="30">Email:</td>
        <td height="30" >
        <input type="text" name="EMAIL" size="30" >
        </td>
      </tr>
      <tr height="60" valign="bottom">
        <td width="20%" ></td>
        <td height="30" valign="bottom">
        <input type="submit" value="    OK    ">   
        <input type="reset" value=" Limpar    ">
        </td>
      </tr>
    </table>
  </form>
</body>
</html>
```

A Figura 8.2 mostra o formulário para cadastro de usuários.

Depois que o usuário informar os dados solicitados e clicar no botão OK, os dados serão enviados pelo browser para o programa PHP informado.

Agora precisamos desenvolver o programa que receberá e manipulará os dados enviados.

Neste primeiro momento, faremos apenas a validação básica, e mais à frente veremos como integrar o PHP com o banco de dados e assim poderemos gravar e recuperar os dados.

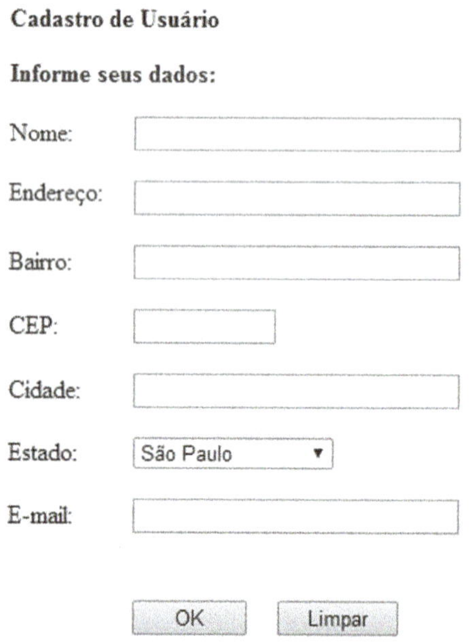

Figura 8.2 - Formulário para cadastro de usuário.

Os dados enviados ao servidor serão transformados pelo PHP em elementos de um array associativo $_POST (pois o método de envio do formulário é POST. Se tivéssemos optado por METHOD=GET, teríamos os dados em $_GET), cujas chaves serão os nomes dos campos no formulário. Dessa forma teremos $_POST["NOME"], $_POST["ENDERECO"] etc. Os índices serão criados exatamente conforme os nomes informados no formulário, respeitando letras maiúsculas e minúsculas.

O programa PHP cadastro_usuario.php fará as seguintes validações:

» Todos os campos são obrigatórios.  » Nenhum campo poderá ter menos de 2 caracteres.

Para executar essas validações, utilizaremos o comando strlen(), que retorna a quantidade de caracteres da variável informada como argumento.

Além da validação, também executaremos a conversão dos dados informados, transformando os textos para minúsculas e em seguida transformando a primeira letra de cada palavra para maiúscula. A exceção será o campo ESTADO, que ficará conforme enviado (uma vez que foi previamente formatado na geração do HTML).

Para executar as conversões, precisaremos de dois comandos PHP:

| | |
|---|---|
| **strtolower** | Retorna o texto informado com todos os caracteres em minúsculas |
| **ucwords** | Retorna o texto informado com o primeiro caractere de cada palavra convertido para maiúsculas |

O programa cadastro_usuario.php terá inicialmente o seguinte formato:

```php
<?php
// Cadastro de usuários
// Versão 1.0
$erro = Array(); // Array com os erros encontrados
// Vamos verificar se existe algum campo não informado
foreach($_POST as $chv => $vlr) {
   if($vlr=="") {
      $erro[] = "O campo {$chv} Não foi informado";
   } elseif(strlen($vlr)<2) {
      $erro[] = "Campo {$chv} muito curto, deve ter pelo menos 2 caracteres";
   }
}
if(sizeof($erro)==0) {
   // Tudo Ok, mostramos os dados
   echo '<p><font color="navy"><b>';
   echo 'Dados informados no Cadastro:</b></font></p>';
   echo '<table border=0 cellpadding=5 cellspacing=5>';
   foreach($_POST as $chv => $vlr) {
      echo "<tr><td>" . ucwords(strtolower($chv)) . "</td> ";
      echo "<td><b>" . $vlr . "</b></td></tr>\n";
   }
   echo '<tr><td height=40 valign="bottom"><b>Obrigado!</td></tr>';
   echo '</table>';
}
else {
   // Mensagem de erro
   echo '<p align="center"><font color="red"><b>';
   foreach($erro as $vlr) {
      echo "$vlr<br>";
   }
   echo '</b></font>';
   echo "<a href='cadastro_usuario.html'>Voltar</a></p>";
}
?>
```

Linguagem PHP

As Figuras 8.3 e 8.4 mostram dois exemplos de resultados que o programa poderá apresentar.

**Dados informados no Cadastro:**

| | |
|---|---|
| Nome | Walace Soares |
| Endereco | Rua X |
| Bairro | Parque Espacial |
| Cep | 011214-900 |
| Cidade | Cidade A |
| Uf | SP |
| Email | walace@teste.com.br |

Obrigado!

Figura 8.3 - Cadastro validado.

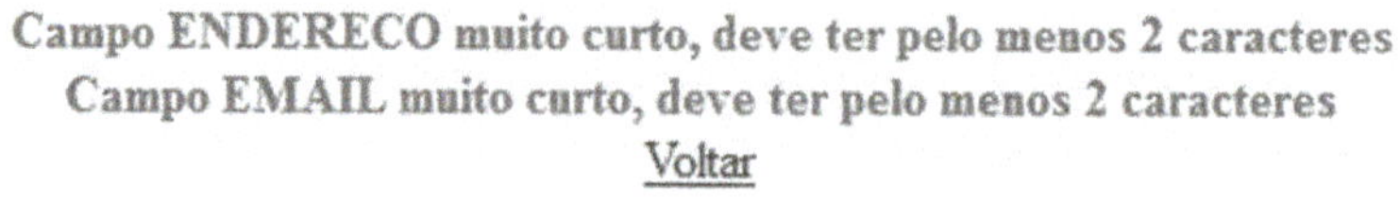

Campo ENDERECO muito curto, deve ter pelo menos 2 caracteres
Campo EMAIL muito curto, deve ter pelo menos 2 caracteres
Voltar

Figura 8.4 - Cadastro com erro.

O PHP está preparado também para trabalhar com arquivos enviados por formulários HTML.

É relativamente fácil incluir o upload de arquivos no PHP. Basta, em primeiro lugar, criar o formulário com o campo do tipo <INPUT TYPE="FILE">, não se esquecendo de acrescentar ao marcador FORM o elemento ENCTYPE="multipart/form-data", sem o qual o upload não funciona. Veja um exemplo de formulário HTML com envio de arquivo:

```
<HTML>
  <BODY>
  <form enctype="multipart/form-data" action="processa_arquivo.php" method="post">
     <input type="hidden" name="MAX_FILE_SIZE" value="30000" />
     Arquivo: <input name="ARQUIVO" type="file" />
     <input type="submit" value=" Enviar " />
  </form>
  </BODY>
</HTML>
```

A Figura 8.5 mostra como deve ser exibido no browser (navegador) um campo do tipo file (arquivo).

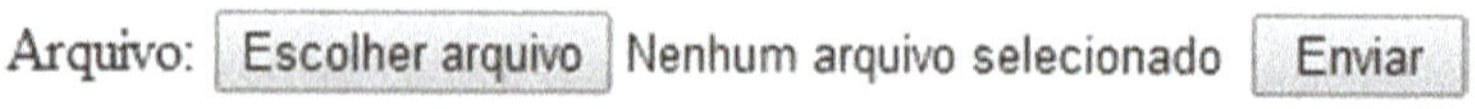

Arquivo: [Escolher arquivo] Nenhum arquivo selecionado [Enviar]

Figura 8.5 - Exemplo de formulário com arquivo.

**Fique de olho!**

É recomendável, mas não obrigatório, que seja criado um campo do tipo hidden, cujo nome deve ser MAX_SIZE_FILE, no formulário, informando o tamanho máximo em bytes do arquivo para upload (algo como <INPUT TYPE="HIDDEN" NAME="MAX_SIZE_FILE" VALUE="100000">), evitando que o usuário espere seu carregamento no servidor para saber que é inválido. Porém, não devemos confiar somente nesse campo para controlar o tamanho do arquivo, pois é simples contornar essa restrição.

Após o envio do formulário com o arquivo a ser carregado, o PHP cria o array associativo $_FILES, cujo conteúdo será:

`$_FILES['nome_campo']['name']`

Contém o nome original do arquivo enviado, algo como figura.gif, por exemplo.

`$_FILES['nome_campo']['type']`

Contém o tipo MIME do arquivo, por exemplo image/gif.

`$_FILES['nome_campo']['size']`

Contém o tamanho em bytes do arquivo enviado.

`$_FILES['nome_campo']['tmp_name']`

Contém o nome do arquivo temporário criado no servidor.

`$_FILES['nome_campo']['error']`

Seu conteúdo é o código do erro no processo de upload. Devemos trocar nome_campo pelo nome do campo do tipo FILE que utilizamos no formulário. No caso do exemplo anterior, teremos:

```
$_FILES['ARQUIVO']['name']
$_FILES['ARQUIVO']['type']
$_FILES['ARQUIVO']['size']
$_FILES['ARQUIVO']['tmp_name']
$_FILES['ARQUIVO']['error']
```

Os arquivos enviados serão armazenados por padrão no diretório temporário do servidor web, mas isso pode ser mudado pelo parâmetro upload_tmp_dir do php.ini.

O comando PHP necessário para copiar o arquivo do diretório temporário para o definitivo é move_uploaded_file() e sua sintaxe é:

```
bool move_uploaded_file(arquivo_temporário,destino)
```

Esta instrução verifica se o arquivo temporário informado foi enviado por upload de arquivos (ou seja, através de HTTP POST). Caso não seja, a operação não será executada e a instrução retornará FALSE como resultado.

Caso aconteça algum problema durante a cópia do arquivo, por exemplo se o diretório de destino não existir, ou se não houver permissão suficiente para gravar o arquivo nesse diretório, a instrução retorna FALSE como resultado.

Caso já exista um arquivo com o mesmo nome no diretório de destino, ele será sobrescrito. O resultado da instrução, caso tudo transcorra corretamente, será true (verdadeiro). O programa a seguir mostra um exemplo de processamento de arquivo no PHP.

```php
<html>
<body>
<?php
   /*   processa_arquivo.php5
        Validação de arquivo enviado pelo usuário
   */
   // 1°. Definir os parâmetros de teste
   $tamanho_maximo = 30000; // em bytes
   $tipos_aceitos = array("image/gif",
                                     "image/jpeg",
                                     "image/png",
                                     "image/bmp");
   // 2°. Validar o arquivo enviado
   $arquivo = $_FILES['ARQUIVO'];
   if($arquivo['error'] != 0) {
      echo '<p><b><font color="red">Erro no Upload do arquivo<br>';
      switch($arquivo['error']) {
        case UPLOAD_ERR_INI_SIZE:
             echo 'O Arquivo excede o tamanho máximo permitido';
             break;
        case UPLOAD_ERR_FORM_SIZE:
             echo 'O Arquivo enviado é muito grande';
             break;
        case UPLOAD_ERR_PARTIAL:
             echo 'O upload não foi completo';
             break;
        case UPLOAD_ERR_NO_FILE:
             echo 'Nenhum arquivo foi informado para upload';
             break;
      }
      echo     '</font></b></p>';
      exit;
   }
   if($arquivo['size']==0 OR $arquivo['tmp_name']==NULL) {
      echo '<p><b><font color="red">Nenhum arquivo enviado</font></b></p>';
      exit;
   }
   if($arquivo['size']>$tamanho_maximo) {
      echo '<p><b><font color="red">O Arquivo enviado é muito grande
             (Tamanho Máximo = ' . $tamanho_maximo . '</font></b></p>';
      exit;
   }
   if(array_search($arquivo['type'],$tipos_aceitos)===FALSE) {
      echo '<p><b><font color="red">O Arquivo enviado não é do tipo (' .
             $arquivo['type'] . ') aceito para upload. Os Tipos Aceitos
             São: </font></b></p>';
      echo '<pre>';
      print_r($tipos_aceitos);
      echo '</pre>';
      exit;
   }
   // Agora podemos copiar o arquivo enviado
   $destino = 'arquivos/';
   $destino .= $arquivo['name'];
   if(move_uploaded_file($arquivo['tmp_name'],$destino)) {
      // Tudo Ok, mostramos os dados
      echo '<p><font color="navy"><b>';
      echo 'O Arquivo foi carregado com sucesso!</b></font></p>';
      echo "<img src='$destino' border=0>";
   }
   else {
      echo '<p><b><font color="red">Ocorreu um erro durante o upload</font></b></p>';
   }
?>
</body>
</html>
```

Note que utilizamos o comando do PHP array_search(), cuja função é procurar o valor informado dentro do array especificado, retornando FALSE (falso) caso o valor não exista no array, ou então sua posição nesse array.

## 8.7 Manipulação e geração de arquivos-texto e binários

Quando desenvolvemos um sistema, qualquer que seja, é quase certo que precisamos manipular arquivos, sejam eles de parâmetros (.ini), de configuração, arquivos-texto ou binários. E uma linguagem de programação não é completa se não dispuser de funções para o gerenciamento de arquivos.

### 8.7.1 Arquivos-texto

Para trabalhar com arquivos-texto temos os comandos file, read_file, file_get_contents e file_put_contents (é possível ainda utilizar os comandos fopen, fwrite, fget e fclose, que veremos a seguir).

#### 8.7.1.1 file

O comando file() lê o arquivo informado e retorna um array. Cada elemento do array contém uma linha do arquivo (incluindo o caractere de salto de linha \n \r\n \r, dependendo do sistema operacional). Sua sintaxe é:

```
Array file(nome_arquivo,include_path,contexto)
```

Caso não seja possível ler o arquivo, a função retorna FALSE (falso).

O parâmetro include_path é opcional e, caso seja informado com o valor 1, ordena à função que busque o arquivo também no diretório informado no parâmetro include_path do php.ini.

Podemos utilizar esse comando para ler um arquivo de configuração ou um arquivo-texto qualquer.

```
<?php
   $arq = file("cadastro_usuario.php");
   foreach($arq as $l) {
      echo "{$l}<br>";
   }
?>
```

**Fique de olho!**

Para remover os caracteres especiais de fim de linha, você pode utilizar os comandos trim ou rtrim.

#### 8.7.1.2 Readfile

A função readfile() lê o arquivo informado e envia seu conteúdo para o dispositivo de saída (o browser, por exemplo). Caso a leitura não seja possível, a função retorna falso e uma mensagem de erro é exibida (a não ser que @ seja informado antes da função). Sua sintaxe é:

```
int readfile(nome_arquivo,include_path,contexto)
```

O resultado da função é o tamanho do arquivo em bytes.

O parâmetro include_path é opcional e, caso seja informado com o valor 1, determina à função que busque o arquivo também no diretório informado no parâmetro include_path do php.ini.

O exemplo seguinte mostra como construir uma página no PHP, forçando o download.

```php
<?php
   $_arq = "geometria.pdf";
   // $_arq = $_GET["nome_do_arquivo"];
   header("Content-Description: File Transfer");
   header("Content-Type: application/force-download");
   header("Content-Disposition: attachment;filename=".basename($_arq));
   @readfile($_arq);
?>
```

### 8.7.1.3 file_get_contents

Comando idêntico a file(), com exceção de que, em vez de gerar um array do arquivo informado, gera uma string com todo o conteúdo do arquivo. Sua sintaxe é:

```
String file_get_contents(arquivo,include_path,contexto)
```

Este é o melhor comando (mais rápido e otimizado) para leitura de um arquivo em uma string (chegando a ser cinco vezes mais rápido que fgets).

### 8.7.1.4 file_put_contents

O comando file_put_contents() grava uma string no arquivo informado, sendo possível avisar se desejamos que o arquivo seja sobrescrito ou se a string deve ser inserida no final dele. Sua sintaxe é:

```
int file_put_contents(arquivo,string,flags,contexto)
```

O parâmetro flags é opcional e, se informado, pode conter os valores FILE_USE_INCLUDE_PATH (que tem o mesmo significado de include_path mostrado nos itens anteriores) e/ou FILE_APPEND (prevenindo que a string deve ser inserida no final do arquivo informado).

Este comando é equivalente ao uso de fopen(), fwrite() e fclose().

```php
<?php
   $_str = "<P><B>TESTE de file_put_contents()</B></P>";
   file_put_contents("teste.php",$_str);
   $_str = "<P>Data: <?=date(\"d-m-Y H:i:s\")?></P>";
   file_put_contents("teste.php",$_str,FILE_APPEND);
   echo htmlentities(file_get_contents("teste.php"));
   include_once("teste.php");
?>
```

## 8.7.2 Arquivos binários

O PHP dispõe de comandos para manipular arquivos binários com segurança, garantindo a integridade deles, sendo que os comandos para arquivos binários podem ser utilizados também para arquivos-texto (o contrário não é verdadeiro).

### 8.7.2.1 fopen

O parâmetro fopen() abre o arquivo especificado e retorna um ponteiro para sua manipulação. Caso o nome do arquivo informado esteja no formato "esquema://...", o PHP assume que o arquivo é remoto e procura o gerenciador de protocolo compatível com o esquema especificado. Se esse gerenciador não estiver disponível, uma mensagem de erro do tipo E_NOTICE será gerada e o PHP assume que o arquivo é local, continuando o processamento.

Se o PHP não conseguir abrir o arquivo referenciado (lembre-se de que o usuário dono do script deve ter as permissões devidas para acessar o arquivo), a função devolve falso como resultado.

A sintaxe de fopen() é:

```
Recurso fopen(arquivo,modo,include_path,contexto)
```

O parâmetro modo indica a forma como desejamos abrir o arquivo referenciado. A tabela seguinte mostra as formas possíveis:

| Modo | Descrição |
|---|---|
| r | Abre somente para leitura. O ponteiro aponta para o início do arquivo. |
| r+ | Abre para leitura e escrita. O ponteiro aponta para o início do arquivo. |
| w | Abre somente para escrita. O arquivo é truncado (seu conteúdo é excluído). O ponteiro aponta para o início do arquivo. Caso o arquivo não exista, tenta criá-lo. |
| w+ | Abre para leitura e escrita. O arquivo é truncado (seu conteúdo é excluído). O ponteiro aponta para o início do arquivo. Caso o arquivo não exista, tenta criá-lo. |
| a | Abre somente para escrita. O ponteiro é posicionado no final do arquivo. Se o arquivo não existir, tenta criá-lo. |
| a+ | Abre para leitura e escrita. O ponteiro é posicionado no final do arquivo. Se o arquivo não existir tenta criá-lo. |
| x | Cria o arquivo e abre-o somente para escrita, posicionando o ponteiro no começo do arquivo. Se o arquivo já existir, a função retorna falso (FALSE) e um erro do tipo E_WARNING é gerado. Este parâmetro somente é suportado para arquivos locais. |
| x+ | Cria o arquivo e abre-o para leitura e escrita, posicionando o ponteiro no começo do arquivo. Se o arquivo já existir, a função retorna falso (FALSE) e um erro do tipo E_WARNING é gerado. Este parâmetro somente é suportado para arquivos locais. |

**Fique de olho!**

Além dos modos citados, podemos ainda utilizar, em conjunto com eles, os caracteres 'b', que indica que o arquivo deve ser lido no formato binário (isso é útil em sistemas operacionais que diferenciam arquivos-texto de binários, como o Windows, por exemplo). Temos ainda disponível no Windows o caractere 't', o qual indica que o caractere de fim de linha \n seja convertido em \r\n.

### 8.7.2.2 fclose

Após a manipulação do arquivo aberto com fopen(), devemos fechá-lo com fclose(). Sua sintaxe é:

```
Bool fclose(ponteiro)
```

A função retorna verdadeiro (TRUE) se a operação for bem-sucedida; e falso, caso contrário.

É recomendável que todos os arquivos abertos com fopen ou fsockopen sejam fechados após a sua manipulação, evitando assim qualquer surpresa desagradável (por exemplo, a corrupção dos dados do arquivo).

### 8.7.2.3 feof

O comando feof() retorna verdadeiro (TRUE) se o ponteiro do arquivo aberto com fopen ou fsockopen estiver no final do arquivo (ou caso ocorra um erro na manipulação do arquivo). Caso contrário, retorna falso. Sua sintaxe é:

```
bool feof(ponteiro)
```

### 8.7.2.4 fgets

O parâmetro fgets() retorna um conjunto de caracteres, conforme a quantidade desejada; ou a linha inteira, quando o fim de linha é encontrado. A função vai considerar como avanço de linha o caractere correspondente em cada sistema operacional (\r ou \r\n ou \n). Caso o fim de linha ou do arquivo seja alcançado, retorna os caracteres existentes entre a posição atual do ponteiro e o final de linha ou de arquivo.

Sua sintaxe é:

```
String fgets(ponteiro,numero_caracteres)
```

O parâmetro numero_caracteres (em bytes) é opcional e, se não for informado, a função assume 1.024 bytes.

```php
<?php
  $_a= fopen("http://static.php.net/www.php.net/images/php.gif","r");
  if($_a!==FALSE) {
    while(!feof($_a)) {
      echo fgets($_a,4096);
    }
  }
  fclose($_a);
?>
```

### 8.7.2.5 read

O parâmetro fread() realiza uma leitura binária do arquivo aberto com fopen, lendo quantos bytes foram informados ou até que o fim do arquivo seja encontrado (EOF). Sua sintaxe é:

```
string fread(ponteiro,num_bytes)
```

```php
<?php
  $_f = "arquivo.wma"; // Arquivo que será enviado
  $_s = 8.5; // 8,5 kb/s
  if(file_exists($_f) && is_file($_f)) {
    header("Content-Description: File Transfer");
    header("Content-Type: application/force-download");
    header("Content-Length: ".filesize($_f));
    header("Content-Disposition: filename=$_f" . "%20");
    flush();
    $_fd = fopen($_f, "rb");
    $_t = round($_s*1024);
    while(!feof($_fd)) {
      echo fread($_fd, $_t);
      flush();
    }
    fclose($fd);
  }
?>
```

### 8.7.2.6 fwrite

A função fwrite() executa a escrita no arquivo aberto com fopen(). Ela realiza operações binárias seguras (binary safe), ou seja, os dados binários são gravados sem que haja perda de informação.

Sua sintaxe é:

```
Int fwrite(ponteiro,string,tamanho)
```

Caso o parâmetro opcional tamanho seja informado, a função grava o número de bytes informados no parâmetro ou a string inteira, caso ela seja menor que o valor informado.

O resultado de fwrite() será o número de bytes gravados; ou falso (FALSE), caso ocorra um erro na gravação.

```php
<?php
  $_a = fopen("http://static.php.net/www.php.net/images/php.gif","r");
  $_d = fopen("logo_php.gif","wb+");
  if($_a!==FALSE) {
    while(!feof($_a)) {
      fwrite($_d,fgets($_a,4096),4096);
    }
  }
  fclose($_a);
  fclose($_d);
?>
<html>
<head>
  <title>PH5</title>
</head>
<body>
  <p><img src="logo_php.gif"></p>
</body>
</hrml>
```

Teste esse programa e veja o que é exibido no browser.

Além dos comandos mostrados anteriormente, temos os comandos copy, rename e unlink.

Copy executa uma cópia do arquivo informado para o destino desejado. Sua sintaxe é:

```
Bool copy(fonte,destino)
```

Ele retorna verdadeiro (TRUE) se a cópia for realizada; e falso (FALSE), caso contrário.

A cópia pode ser realizada localmente ou em URL aceitas pelo PHP (ftp://, por exemplo).

O diretório de destino em que a cópia será realizada deve possibilitar a operação de gravação (0777, por exemplo).

Se o arquivo de destino existir, será sobrescrito pela função (desde que haja permissão para isso).

A função rename realiza a alteração do nome de um arquivo ou diretório. Caso a alteração seja efetuada com sucesso, retorna verdadeiro; caso contrário (por exemplo, se o usuário não tiver permissão), retorna falso. Sua sintaxe é:

```
Bool rename(arq_dir_atual,arq_dir_novo,contexto)
```

Já o comando unlink remove o arquivo informado, retornando verdadeiro (TRUE) se a operação for bem-sucedida; e falso (FALSE), caso contrário. Sua sintaxe é:

```
Bool unlink(nome_do_arquivo)
```

Lembre-se de que o usuário deve ter permissão para essa operação. Se o arquivo estiver sendo usado por outro usuário, a função retorna falso.

**Fique de olho!**

Para remover um diretório, não utilize unlink, utilize o comando rmdir.

## 8.8 Geração de imagens

O PHP foi idealizado inicialmente para o desenvolvimento de sites dinâmicos. Integração com HTML e banco de dados sempre foram seus principais alvos, mas isso não impediu que fossem desenvolvidas funcionalidades extras para tornar a linguagem mais poderosa e completa. Entre as funcionalidades está a manipulação de imagens de vários formatos, tais como JPEG, PNG e TIFF.

Essa funcionalidade está disponível no PHP mediante a presença da biblioteca de imagens GD ou GD 2. A biblioteca GD deve ser compilada junto com o PHP (--with-gd), quando ele estiver sendo executado no Linux. Já no Windows a biblioteca deve ser adicionada ao arquivo cujo nome é php.ini (extension=php_gd2.dll).

A flexibilidade oferecida pelo PHP para a manipulação de imagens é muito grande, desde a criação de arquivos no formato que desejamos, passando pela manipulação de imagens existentes, até o envio direto para o browser das imagens geradas, sem que seja necessário salvar os arquivos de imagem.

Veja o exemplo a seguir:

```php
<?php
  header("Content-type: image/png");
  $_img = imagecreatetruecolor(150, 150);
  $_cor = imagecolorallocate($_img, 0x33, 0x00, 0xff);
  $_prt = imagecolorallocate($_img, 0x00, 0x00, 0x00);
  $_brc = imagecolorallocate($_img, 0xff, 0xff, 0xff);
  imagefilledrectangle($_img,0,0,149,149,$_brc);
  imagefilledellipse($_img,75,75,100,100,$_cor);
  imageellipse($_img,75,75,105,105,$_prt);
  imagestring($_img, 5, 58, 67, "PHP5", $_brc);
  imagepng($_img);
  imagedestroy($_img);
?>
```

Figura 8.6 - Exemplo de imagem gerada em PHP com a biblioteca GD

O resultado será o apresentado na Figura 8.6:

A biblioteca GD disponibiliza uma série de comandos para criação e manipulação de imagens.

## 8.8.1 Criação de uma imagem

O primeiro passo para utilização da biblioteca é a criação do objeto que manipulará uma imagem.

A biblioteca dispõe de recursos para criarmos uma imagem do zero (veja o exemplo anterior) e para carregar uma imagem previamente criada.

As funções imagecreate() e imagecreatetruecolor() criam o recurso para manipulação da imagem do zero, disponibilizando uma imagem em branco com o tamanho estipulado (largura e altura). Sua sintaxe é:

```
Recurso imagecreate (x,y)
Recurso imagecreatetruecolor(x,y)
```

No caso, x indica a largura da imagem e y a altura em pixels.

A diferença entre imagecreate() e imagecreatetruecolor() está no fato de que a primeira função cria a imagem com base na paleta básica de cores, enquanto a segunda cria a imagem com base no padrão de cores reais (true color). A recomendação é sempre utilizar imagecreatetruecolor().

Se o desejado é manipular uma imagem existente, o PHP disponibiliza várias funções com prefixo imagecreatefrom, sendo as principais as seguintes: imagecreatefrompng, imagecreatefromjpeg, imagecreatefromxbmp e imagecreatefromxpm. A sintaxe dessas funções é:

```
Recurso imagecreatefrom___(nome_arquivo)
```

```php
<?php
  $imagem = "imagem.png";
  $img = @imagecreatefrompng($imagem);
  if(!$img) {
     // Erro na carga da imagem
     $img = imagecreate(150,100);
     $_prt = imagecolorallocate($_img, 0,0,0);
     $_cza = imagecolorallocate($_img, 204,204,204);
```

```
        $_vrm = imagecolorallocate($_img, 255,0,0);
        imagefilledrectangle($img,0,0,149,99,$_cza);
        imagerectangle($img,0,0,149,99,$_prt);
        imagerectangle($img,3,3,15,15,$_vrm);
        imageline($img,4,4,14,14,$_vrm);
        imageline($img,4,14,14,4,$_vrm);
        imagestring($img,2,22,4,$_arq,$_prt);
        imagestring($img,5,50,40,"IMAGEM",$_vrm);
        imagestring($img,5,15,60,"NÃO ENCONTRADA",$_vrm);
    }
header("Content-type: image/png");
imagepng($this->_img);
?>
```

Neste exemplo o PHP tenta carregar a imagem "imagem.png" e, caso retorne erro (neste caso $img retornará falso), uma imagem é criada contendo a informação de que a imagem original não foi encontrada.

## 8.8.2 Manipulação de uma imagem

A primeira coisa que devemos providenciar para manipularmos eficientemente uma imagem é o estabelecimento da paleta de cores que serão utilizadas. Para realizar essa tarefa, devemos utilizar a função imagecolorallocate(), cuja sintaxe é:

`Inteiro imagecolorallocate(imagem,R,G,B)`

O parâmetro imagem deve ser o resultado de imagecreate ou de imagecreatefrom.

Os parâmetros R, G e B representam a base para a formação das cores (R = vermelho, G = verde e B = azul) e aceitam números inteiros entre 0 e 255, inclusive ou seus equivalentes hexadecimais, de 0x00 a 0xFF.

A função retorna -1 caso não seja possível alocar a cor especificada; caso contrário, retorna o índice referente à cor alocada. Para remover uma cor da paleta, deve-se utilizar a função imagecolordeallocate().

`Inteiro imagecolordeallocate(imagem,índice)`

Nesse caso, *índice* é o valor retornado por imagecolorallocate.

Uma vez que temos a imagem criada e as cores alocadas, podemos começar a manipular a imagem. A seguir temos os comandos mais comuns da biblioteca GD.

### 8.8.2.1 Criação de pontos e linhas

Para incluir um ponto na imagem, devemos utilizar o comando imagesetpixel, o qual realiza a operação mais básica para manipulação de uma imagem, ou seja, desenha um único pixel nas coordenadas informadas e na cor desejada. Sua sintaxe é:

`Inteiro imagesetpixel(imagem,pos_x,pos_y,cor)`

Os parâmetros pos_x e pos_y informam em qual posição da imagem o pixel deve ser desenhado, sabendo-se que a posição 0,0 corresponde à margem superior esquerda da imagem. Veja o desenho seguinte, considerando uma imagem de 150x150 pixels:

A Figura 8.7 mostra como são definidas as coordenadas em uma imagem gerada pela biblioteca GD.

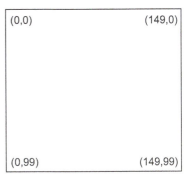

Figura 8.7 - Coordenadas de uma imagem.

**Fique de olho!**

Todos os comandos que utilizam coordenadas adotam o mesmo critério mostrado anteriormente para posicionamento dentro da imagem.

Para traçar uma linha entre dois pontos informados devemos utilizar o comando imageline. Sua sintaxe é:

```
Int imageline(imagem,px_i,py_i,px_f,py_f,cor)
```

Os parâmetros px_i e py_i indicam as coordenadas de início da linha e os parâmetros px_f e py_f indicam as coordenadas de término.

```
<?php
  header("Content-type: image/png");
  $_img = imagecreatetruecolor(151, 151);
  $_brc = imagecolorallocate($_img, 0xff, 0xff, 0xff);
  $_cor = imagecolorallocate($_img, 0x33, 0x00, 0xff);
  $_prt = imagecolorallocate($_img, 0x00, 0x00, 0x00);

  // desenha a grade...
  for($_i=0;$_i<151;$_i=$_i+15) {
    imageline($_img,$_i,0,$_i,149,$_cor);
    imageline($_img,0,$_i,149,$_i,$_cor);
    for($_j=$_i+1;$_j<$_i+15;$_j++) {
      for($_k=$_i+1;$_k<$_i+15;$_k++) {
           imagesetpixel($_img,$_j,$_k,$_brc);
      }
    }
  }
  imagepng($_img);
  imagedestroy($_img);
?>
```

## 8.8.2.2 Criação de figuras geométricas

Os comandos imagerectangle() e imagefilledrectangle() permitem o desenho de retângulos na imagem (ou de quadrados). A diferença entre essas duas funções está no fato de que a primeira (imagerectangle) desenha um retângulo vazio, ou seja, somente com as bordas definidas, enquanto a segunda desenha um retângulo preenchido com a cor desejada. A sintaxe de ambas é:

```
Inteiro imagerectangle(imagem,px_i,py_i,px_f,py_f,cor)
Inteiro imagefilledrectangle(imagem,px_i,py_i,px_f,py_f,cor)
```

Os parâmetros são os mesmos para imagefilledrectangle.

Para imagerectangle(), a cor informada (cor definida por imagecolorallocate()) será utilizada para o desenho da borda do retângulo, enquanto para imagefilledrectangle() a cor informada será utilizada para o preenchimento do retângulo.

Caso seja necessário desenhar uma figura com vários lados (3, 4, 5...), devemos utilizar os comandos imagepolygon e imagefilledpolygon. Esses comandos desenham um polígono de n lados. O parâmetro imagepolygon() desenha um polígono vazado (somente com a borda) e imagefilledpolygon() desenha um polígono preenchido com a cor informada. A sintaxe de ambos os comandos é:

```
Inteiro imagepolygon(imagem, pontos, num_pontos, cor)
Inteiro imagefilledpolygon(imagem, pontos, num_pontos, cor)
```

No caso, pontos é um array com as coordenadas para desenho do polígono. Os valores pares do array (0, 2, 4...) representam as coordenadas no eixo x; e os valores ímpares (1, 3, 5, 7...), as coordenadas no eixo y, isto é, se tivermos $pontos = Array(0, 0, 10, 10, 20, 10, 30, 10, 100, 90), teremos as coordenadas (0, 0), (10, 10), (20, 10), (30, 10), (100, 90).

Num_pontos é o número total de vértices do polígono, ou seja, num_pontos é igual à metade do tamanho de pontos ($num_pontos = (int) sizeof($pontos)/2).

O exemplo a seguir utiliza os comandos definidos anteriormente para criar uma série de flechas dentro de um retângulo.

```
<?php
  /*
    Desenha uma seta conforme os pontos indicados
    $_pontos = Array(x0,y0,x1,y1)
    $_c = Cor da linha
    $_p = Seta preenchida (TRUE) ou não (FALSE)
  */
  function flecha($_img,$_pontos,$_c,$_p=TRUE) {
    $x = $_pontos[2];
    $y = $_pontos[3];
    $teta = atan2(($_pontos[3] - $_pontos[1]), ($_pontos[2] - $_pontos[0]));
    $h = 20;
    $b = 10;
    $a = sqrt(pow($h,2)+pow($b,2));
    $alfa = atan2($b,$h);
    $pr[0] = $x;
    $pr[1] = $y;
    $pr[2] = $a * cos(deg2rad(180)+$teta+$alfa) + $x;
    $pr[3] = $a * sin(deg2rad(180)+$teta+$alfa) + $y;
    $pr[4] = $a * cos($teta-$alfa+deg2rad(180)) + $x;
    $pr[5] = $a * sin($teta-$alfa+deg2rad(180)) + $y;
    imageline(   $_img, $_pontos[0], $_pontos[1], $_pontos[2], $_pontos[3], $_c);
    if($_p===TRUE) {
      imagefilledpolygon($_img,$pr,3,$_c);
    } else {
      imagefilledpolygon($_img,$pr,3,$_c);
    }
  }
```

```
header("Content-type: image/png");
$_img = imagecreatetruecolor(200,200);
$_w = imagesx($_img);
$_h = imagesy($_img);
$_b = imagecolorallocate($_img, 255,255,255);
imagefilledrectangle($_img, 0,0,$_w,$_h, $_b);
for($_i=0;$_i<=128;$_i++) {
   $_r = mt_rand(0,255);
   $_g = mt_rand(0,255);
   $_b = mt_rand(0,255);
   $_c[$_i] = imagecolorallocate($_img, $_r,$_g,$_b);
}
imagerectangle($_img, 0,0,$_w-1,$_h-1, $_c[5]);
for($_i=20;$_i<=180;$_i=$_i+80) {
   flecha($_img,Array($_i,10,$_i,180),$_c[mt_rand(0,128)]);
   flecha($_img,Array($_i+40,180,$_i+40,20),$_c[mt_rand(0,128)]);
}
imagepng($_img);
imagedestroy($_img);
?>
```

A Figura 8.8 mostra um exemplo de comandos imagerectanlge, imageline, imagefilledpolygon para gerar várias setas.

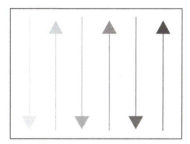

Figura 8.8 - Exemplo de comandos imagerectangle, imagepolygon.

A biblioteca dispõe, ainda, de comandos para o desenho de figuras circulares, tanto elipses quanto círculos, ou mesmo arcos.

Para desenhar uma elipse (ou em particular um círculo) vazada (somente com o seu contorno definido), devemos utilizar o comando imageellipse(); já para desenhar uma elipse preenchida por certa cor, devemos utilizar o comando imagefilledellipse(). Ambos têm a mesma sintaxe:

```
int imageellipse(image, c_x, c_y, d_x, d_y, cor)
int imagefilledellipse(image, c_x, c_y, d_x, d_y, cor)
```

Os parâmetros c_x e c_y indicam o centro da elipse (lembre-se de que o ponto 0,0 da imagem é a margem superior esquerda).

Já os parâmetros d_x e d_y indicam o diâmetro no eixo x e no eixo y, respectivamente.

Caso seja necessário desenhar um arco na imagem, devem-se utilizar as funções imagearc ou imagefilledarc (como você já sabe, a esta altura, a primeira desenha apenas o arco, ou seja, sua borda, já a segunda função desenha o arco e preenche-o com a cor definida). A sintaxe de imagearc() é:

```
Imagearc(imagem, c_x, c_y, d_x, d_y, ang_i, ang_f, cor)
```

Os parâmetros c_x e c_y indicam o centro da elipse (lembre-se de que o ponto 0,0 da imagem é a margem superior esquerda), que formará o arco.

Já os parâmetros d_x e d_y indicam o diâmetro da elipse que formará o arco no eixo x e no eixo y respectivamente.

Os parâmetros ang_i e ang_f determinam os ângulos, em graus, iniciais e finais do arco que será desenhado, sabendo-se que o ângulo zero está na posição três horas do relógio (ou seja, na mesma posição definida geometricamente como ângulo zero do círculo) e o arco é desenhado no sentido horário (diferentemente da geometria, em que o ângulo é contado no sentido anti-horário).

Já o comando imagefilledarc() tem um parâmetro a mais que imagearc, o qual informa o tipo de preenchimento desejado. Dessa forma, sua sintaxe é:

Imagefilledarc(imagem,c_x,c_y,d_x,d_y,ang_i,ang_f,cor, tipo)

Os valores possíveis para tipo são:

| | |
|---|---|
| IMG_ARC_PIE | Desenha as bordas arredondadas. |
| IMG_ARC_CHORD | Desenha apenas a linha da corda, ou seja, liga com uma linha reta os pontos inicial e final do arco definido na função. |
| IMG_ARC_NOFILL | Desenha apenas o arco ou a corda sem preenchimento. |
| IMG_ARC_EDGED | Esse tipo (estilo), utilizado junto com IMG_ARC_NOFILL, produz um arco ligado por linhas retas ao seu centro, porém sem preenchimento (o pedaço de um gráfico de pizza sem preenchimento). |

Esse parâmetro (tipo) aceita o operador binário OR para agrupamento de várias opções. IMG_ARC_PIE e IMG_ARC_CHORD são mutuamente excludentes.

O exemplo seguinte mostra a construção de um gráfico de pizza simulando o efeito 3D.

```php
<?php
   function grafico_pizza($img,$_mc,$_vlr,$_cx,$_cy,$_dx,$_dy) {
      global $_cores;
      $rs = $_vlr;
      foreach($rs as $k=>$v) {
        if($v<0) {
             $rs[$k]=0;
        }
      }
      $total = array_sum($rs);
      $prim = 4;
      $_cy-=110;
      /* desenha uma série de arcos para formar a sombra do gráfico */
      for ($i = 110; $i > 90; $i--) {
        $ang = 45;
        $cor = 1;
        foreach($rs as $key=>$vlr) {
             $chv = (int) substr($key,2);
             $ang_final = $ang + ($vlr / $total) * 360;
             imagefilledarc($img,$_cx,$_cy+$i,$_dx, $_dy, $ang,    $ang_final,
                                        $_cores["cor{$cor}D"],IMG_ARC_PIE);
             $ang = $ang_final;
             $cor++;
        }
      }
      $ang = 45;
      $cor = 1;
      /* Desenha o gráfico de pizza */
      foreach($rs as $key=>$vlr) {
        $chv = (int) substr($key,2);
        $ang_final = $ang + ($vlr / $total) * 360;
        imagefilledarc($img,$_cx,$_cy+$i,$_dx, $_dy, $ang, $ang_final,
                                    $_cores["cor{$cor}"],IMG_ARC_PIE);
        $ang = $ang_final;
```

```php
      $cor++;
   }
}

function aloca_cor($_cor,$_nome) {
   global $img, $_cores;
   $_cores[$_nome] = imagecolorallocate($img, $_cor[0], $_cor[1], $_cor[2]);
}
// Exemplo de um gráfico
$img = imagecreatetruecolor(400, 400);
$maximo_cores = 14;
aloca_cor(Array(255, 255, 255),"branco");
aloca_cor(Array(0x00,0x80,0xFF),"cor1");
aloca_cor(Array(0x00,0x4E,0x9B),"cor1D");
aloca_cor(Array(0xF9,0xF9,0x01),"cor6");
aloca_cor(Array(0xCB,0xB1,0x01),"cor6D");
aloca_cor(Array(0x3D,0xEB,0x0A),"cor3");
aloca_cor(Array(0x18,0xAA,0x09),"cor3D");
aloca_cor(Array(0xFF,0x00,0x00),"cor4");
aloca_cor(Array(0x90,0x00,0x00),"cor4D");
aloca_cor(Array(0x00,0xFF,0xFF),"cor5");
aloca_cor(Array(0x00,0x82,0x82),"cor5D");
aloca_cor(Array(0xC0,0xC9,0xC3),"cor2");
aloca_cor(Array(0x90,0x90,0x90),"cor2D");
aloca_cor(Array(0x80,0x00,0xFF),"cor7");
aloca_cor(Array(0x40,0x00,0x80),"cor7D");
aloca_cor(Array(0x00,0x00,0x80),"cor8");
aloca_cor(Array(0x00,0x00,0x50),"cor8D");
aloca_cor(Array(0x80,0x40,0x00),"cor9");
aloca_cor(Array(0x5B,0x2E,0x00),"cor9D");
aloca_cor(Array(0xFF,0x80,0x40),"cor10");
aloca_cor(Array(0xAE,0x38,0x00),"cor10D");
aloca_cor(Array(0x80,0x80,0x00),"cor11");
aloca_cor(Array(0x51,0x51,0x00),"cor11D");
aloca_cor(Array(0xFF,0x00,0x80),"cor12");
aloca_cor(Array(0x80,0x00,0x40),"cor12D");
aloca_cor(Array(0x00,0x80,0x00),"cor13");
aloca_cor(Array(0x00,0x42,0x00),"cor13D");
aloca_cor(Array(0xF5,0xCC,0x6B),"cor14");
aloca_cor(Array(0xA9,0x87,0x21),"cor14D");
aloca_cor(Array(236,233,216),"bg");
imagefilledrectangle($img,0,0,400,400,$_cores["branco"]);
/* Gera valores aleatórios para o gráfico */
for($_i=0;$_i<=5;$_i++) {
   $_dados[] = mt_rand(50,1000);
}
grafico_pizza($img,$maximo_cores,$_dados,199,199,300,200);
header('Content-type: image/png');
imagepng($img);
imagedestroy($img);
?>
```

A Figura 8.9 mostra um exemplo de comandos da biblioteca GD para gerar um gráfico de pizza.

### 8.8.2.3 Inserção de texto

Para inserir textos em uma imagem, temos os comandos imagestring e imagettftext.

O comando imagestring() deve ser utilizado para inserção de textos simples. Esse comando desenha o texto informado, conforme um

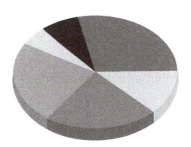

Figura 8.9 - Exemplo de imageelipse, imagearc.

dos cinco tipos diferentes de letras disponíveis (podem-se utilizar outros tipos, usando a função imageloadfont()). Sua sintaxe é:

```
Imagestring(imagem, fonte, pos_x, pos_y, texto, cor)
```

Os parâmetros pos_x e pos_y definem as coordenadas para início do texto na imagem.

O parâmetro fonte define qual fonte será utilizada. A biblioteca disponibiliza cinco fontes-padrão (1 a 5), todavia é possível incluir outras fontes, utilizando a função imageloadfont(nome_fonte). A fonte deve estar no formato binário (e é dependente da plataforma). Após a carga da fonte com imageloadfont(), a qual devolve um número para a fonte carregada (sempre maior que 5 para não conflitar com as fontes pré-carregadas), pode-se utilizá-la no desenho dos textos desejados.

```php
<?php
   $_img = imagecreate(300,200);
   $_prt = imagecolorallocate($_img, 0,0,0);
   $_brc = imagecolorallocate($_img, 0xFF,0xFF,0xFF);
   $_vrm = imagecolorallocate($_img, 255,0,0);
   imagefilledrectangle($_img,0,0,299,199,$_brc);
   imagerectangle($_img,0,0,299,199,$_prt);
   $_texto = "PHP 5 - " . date("d-m-Y H:i:s");
   for($_i=1;$_i<=5;$_i++) {
      imagestring($_img,$_i,5,$_i*20,"Fonte $_i : {$_texto}",$_vrm);
   }
   $_f = imageloadfont("betsy.gdf");
   imagestring($_img,$_f,5,150,"PHP 5",$_prt);
   header("Content-type: image/png");
   imagepng($_img);
?>
```

Para uma maior liberdade da inserção de textos devemos utilizar o comando imagettftext. Esse comando possibilita o desenho de textos utilizando uma fonte do tipo TrueType, proporcionando, entre outras coisas, angular o texto (imagestring desenha o texto sempre na horizontal) e definir o tamanho da fonte. Para utilizar essa função, é necessário ter as fontes TrueType disponíveis. Sua sintaxe é:

```
imagettftext(imagem,tam,ang,p_x,p_y,cor,fonte,texto)
```

O parâmetro tam define o tamanho dos caracteres que serão desenhados, já ang informa o ângulo para desenho do texto. O ângulo deve ser informado em graus, é contado no sentido anti-horário e o ponto 0° está na posição 3 horas do relógio.

Os parâmetros p_x e p_y informam as coordenadas iniciais para o desenho do texto (informam a margem inferior esquerda do texto).

O parâmetro cor determina a cor do texto e fonte informa a fonte que deve ser utilizada (incluindo o caminho para encontrá-la).

Em várias situações precisamos determinar o espaço ocupado pelo texto dentro da imagem. Isso é possível no PHP com o comando imagettfbbox(), o qual, dados a fonte, o tamanho e o texto, devolve as coordenadas de início e fim, tanto da margem superior quanto da inferior. Sua sintaxe é:

```
Array imagettfbbox(tamanho, ângulo, fonte, texto)
```

O array retornado tem os seguintes elementos, em ordem sequencial: margem inferior esquerda no eixo x, margem inferior esquerda no eixo y, margem inferior direita no eixo x, margem inferior direita no eixo y, margem superior esquerda no eixo x, margem superior esquerda no eixo y, margem superior direita no eixo x e margem superior direita no eixo y.

Lembre-se, porém, de que as coordenadas são em função do texto, tomando por base o texto na horizontal e avaliando o ângulo formado pelo texto, ou seja, se desejamos utilizar essa informação para traçar uma linha abaixo e acima do texto, precisamos incluir as coordenadas nas quais o texto foi desenhado. Veja o exemplo seguinte:

```php
<?php
    $_img = imagecreate(300,200);
    $_prt = imagecolorallocate($_img, 0,0,0);
    $_brc = imagecolorallocate($_img, 0xFF,0xFF,0xFF);
    $_vrm = imagecolorallocate($_img, 255,0,0);
    imagefilledrectangle($_img,0,0,299,199,$_brc);
    // Primeiro na horizontal
    $_texto = " PHP 5    ";
    $_font = "C:\WINDOWS\FONTS\arial.ttf";
    imagettftext($_img,15,0,20,190,$_vrm,$_font,$_texto);
    $_coord = imagettfbbox(15,0,$_font,$_texto);
    imageline( $_img,$_coord[0]+20,$_coord[1]+192,$_coord[2]+20,
               $_coord[3]+192,$_vrm);
    imageline( $_img,$_coord[4]+20,$_coord[5]+187,
               $_coord[6]+20,$_coord[7]+187,$_vrm);
    // Agora na Vertical
    $_texto = date(" d-m-Y ");
    $_pos_x = $_coord[2]+20;
    $_coord_2 = imagettfbbox(15,0,$_font,$_texto);
    $_pos_x+= ($_coord_2[1]-$_coord_2[5])+5;
    $_coord_2 = imagettfbbox(15,90,$_font,$_texto);
    imagettftext($_img,15,90,$_pos_x,190,$_vrm,$_font,$_texto);
    imageline( $_img,$_coord_2[0]+$_pos_x+5, $_coord_2[1]+184,
               $_coord_2[2]+$_pos_x+5,$_coord_2[3]+187,$_vrm);
    imageline( $_img,$_coord[4]+20, $_coord[5]+187,
               $_coord[4]+20, $_coord_2[5]+187,$_vrm);
    imageline( $_img,$_coord[2]+20,$_coord[3]+192,
               $_coord_2[0]+$_pos_x+5, $_coord_2[1]+184,$_vrm);
    header("Content-type: image/png");
    imagepng($_img);
    imagedestroy($img);
?>
```

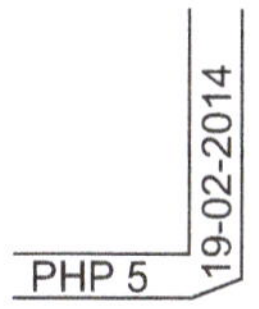

A Figura 8.10 mostra um exemplo de comando imagettftext para inserir textos em uma imagem.

Figura 8.10 - Exemplo de imagettftext e imagettfbox.

## 8.8.3 Exibir, salvar uma imagem

Para salvar uma imagem, dispomos de vários comandos, cada um para um tipo diferente de imagem: imagepng, imagejpeg, imagewbmp e imagexbmp. Esse grupo de comandos possibilita que uma imagem seja exibida em determinado formato ou que ela seja salva em um arquivo. O formato das funções é:

```
Imagepng(imagem,nome_do_arquivo)
```

Nesse caso, o parâmetro nome_do_Arquivo é opcional e, se informado, indica que a imagem deve ser salva no arquivo determinado; caso contrário, a imagem será enviada para o browser.

O comando imagejpeg() tem um terceiro parâmetro, o qual determina a qualidade da imagem, podendo variar de 0 (pior) a 100 (melhor), sendo o padrão 75. Para informar a qualidade sem salvar a imagem, informe vazio ('') no parâmetro nome_do_arquivo.

Após manipular a imagem e salvá-la (ou enviá-la para o browser), é extremamente importante que o recurso utilizado seja destruído, liberando memória do servidor. Para tanto, devemos usar o comando imagedestroy, o qual tem a seguinte sintaxe:

```
Imagedestroy(imagem)
```

O parâmetro imagem deve ser o resultado de imagecreate ou de imagecreatefrom.

## 8.9 Integração e manipulação de base de dados MySQL

O desenvolvimento de sites dinâmicos traz consigo a necessidade de acesso a algum tipo de banco de dados relacional. Em alguns tipos de sites, isso ocorre somente para algumas tarefas simples, como guardar usuários e suas senhas. Em outros, com sistemas de banco de dados complexos, o site não funciona sem esses dados (uma loja virtual, por exemplo).

O PHP é uma das linguagens com maior disponibilidade de acesso a bancos de dados, pois com ele podemos acessar o Oracle, SQL Server, PostgreSQL, FireBird, MySQL, SysBase, Informix, SQLite e vários outros bancos de dados, além de ser possível utilizar drives ODBC para acesso aos bancos que não têm um módulo específico no PHP.

Dentre todos esses bancos de dados, o mais utilizado é o MySQL (em seguida, temos o PostgreSQL). Para acesso direto ao MySQL, o PHP disponibiliza módulo conhecido como Improved MySQL Extension, ou simplesmente MySQLi. Essa versão, totalmente orientada a objetos, aproveita todas as funcionalidades novas existentes nas versões mais recentes do MySQL, tornando o acesso aos bancos de dados mais simples, rápido e seguro.

Utilizando o phpMyAdmin ou o console do MySQL, criaremos o banco de dados exemplo e a tabela usuarios, que será usada no restante do capítulo. Esta tabela deverá conter os campos:

| Nome | Tipo | Descrição |
| --- | --- | --- |
| nome | Varchar(30) | Nome do usuário |
| endereco | Varchar(40) | Endereço |
| bairro | Varchar(30) | Bairro |
| cep | Varchar(10) | CEP |
| cidade | Varchar(30) | Cidade |
| estado | Char(2) | Sigla do estado |
| email | Varchar(120) | Endereço de email |

Os comandos SQL necessários são:

```
create database exemplo;

create table usuarios(
   nome varchar(30),
   endereco varchar(40),
   bairro varchar(30),
   cep varchar(10),
   cidade varchar(30),
   estado char(2),
   email varchar(120)
);
```

**Fique de olho!**

O MySQL diferencia maiúsculas de minúsculas, então lembre-se de seguir o formato apontado aqui, ou seja, todos os identificadores (nome de banco de dados, tabelas e campos) em letras minúsculas, caso contrário, você terá problemas para executar os programas de acesso ao banco de dados.

## 8.9.1 Conexão ao banco de dados MySQL

O PHP disponibiliza a classe MySQLi para acesso ao banco de dados MySQL. Essa classe contém todos os métodos necessários para conexão e gerenciamento de um banco de dados MySQL.

O primeiro passo que devemos executar, antes de qualquer comando MySQL, é conectar o banco de dados. Conseguimos isso com a criação de um objeto, referenciando a classe MySQLi (isto é, criamos uma instância da classe):

```
$con = new mysqli("localhost","root","root","exemplo");
```

Os argumentos que podemos passar na instância da classe MySQL são:

- » Servidor: URL do servidor - se for local, basta colocar "localhost".
- » Usuário: Nome do usuário gerenciador do banco de dados - em geral, "root".
- » Senha: Senha do usuário gerenciador.
- » BD: Nome do banco de dados que desejamos conectar.
- » Porta: Porta de conexão ao servidor.

Cada banco de dados precisa de sua própria conexão, ou seja, caso tenhamos 2 bancos de dados, precisaremos instanciar a classe duas vezes (duas variáveis).

Para verificar se a conexão foi um sucesso, devemos verificar connect_error:

```
<?php
   $con = new mysqli("localhost","root","","exemplo");
   if($con->connect_error) {
      die("Erro na conexão: " . $con->connect_errno . " - " . $con->connect_error);
   }
?>
```

O parâmetro connect_errno conterá o número do erro; e connect_error, a descrição desse erro.

## 8.9.2 Execução de comandos SQL

Estabelecida a conexão com o banco de dados (ou seja, a classe foi instanciada com sucesso), podemos executar os comandos SQL desejados. Para isso utilizamos o método query da classe MySQLi. Sua sintaxe é:

```
query(comando SQL)
```

O único argumento passado é o comando SQL que desejamos executar. Caso ocorra uma falha na execução do comando SQL, o método retornará falso (false) como resultado. Caso contrário, retornará um resultado conforme o tipo de comando executado.

Após a execução de comandos que modificam o estado atual do banco de dados (INSERT, UPDATE, DELETE), o número de registros afetados estará armazenado no atributo affected_rows da classe MySQLi.

Para consultas que retornam um resultado (SELECT, SHOW, EXPLAIN e DESCRIBE), o método query da classe MySQLi retorna um objeto do tipo mysqli_result (uma instância dessa classe) e todas as propriedades e métodos referentes ao resultado estarão presentes nesse objeto. Teremos, por exemplo, o número de linhas retornado no atributo num_rows desse objeto; e, para retornar uma linha da consulta, devemos utilizar um dos métodos fetch disponíveis no objeto (fetch_array, fetch_assoc, fetch_row ou fetch_object).

Em caso de falha, o erro estará definido no atributo error da classe MySQLi. O exemplo a seguir demonstra como utilizar os comandos que aprendemos.

```
<?php
  $_con  = new mysqli("localhost","root","root","exemplo");
  if($_con->connect_error) {
      echo "Não foi possível conectar ao MySQL. Erro #" .
      $_con->connect_errno . " : " . $_con->connect_error;
      exit;
  }
  // incluir alguns registros na tabela Usuario
  $_sql = "INSERT INTO usuarios VALUES";
  $_sql .= "('Darci F.Soares','Rua X n 10','Bairro 1','011900-900', 'cidade 1',
'SP','darci@walace.com.br');";
  $_res = $_con->query($_sql);
  if($_res===FALSE) {
      echo "Erro na inclusão dos registros... " . $_con->error . "<br/>{$_sql}";
      die();
  } else {
      echo    $_con->affected_rows . " Registro(s) incluído(s) com Sucesso<br/>";
  }
  $_sql = "INSERT INTO usuarios VALUES";
  $_sql .= "('Elza M.S.Soares','Rua XXY n 125','Bairro Y','011800-800','cidade
2','RJ','elza@walace.com.br')";
  $_res = $_con->query($_sql);
  if($_res===FALSE) {
      echo "Erro na inclusão dos registros... " . $_con->error . "<br/>{$_sql}";
      die();
  } else {
      echo    $_con->affected_rows . " Registro(s) incluído(s) com Sucesso<br/>";
  }
  // Mostramos como está a tabela
  mostrausuarios($_con);
```

```php
    // Agora vamos alterar alguns registros
    $_sql = "UPDATE usuarios SET estado='PR' where estado='RJ'";
    $_res = $_con->query($_sql);
    if($_res===FALSE) {
       echo "Erro na alteração dos registros... " . $_con->error . "<br/>";
       die();
    } else {
       echo $_con->affected_rows . " Registro(s) alterado(s)<br/>";
    }
    // mostramos o conteúdo atual da tabela
    mostrausuarios($_con);
    $_con->close();

    function mostrausuarios($_con) {
       $_sql = "SELECT * FROM usuarios";
       $_res = $_con->query($_sql);
       if($_res===FALSE) {
          echo "Erro na consulta... " . $_con->error . "<br/>";
          die();
       } else {
          $_nr = $_res->num_rows;
          echo "A consulta retornou " . (int) $_nr . " registro(s)<br/>";
          if($_nr>0) {
                // Primeiro o cabeçalho com os campos da tabela
                echo "<table border=1>";
                echo "<tr bgcolor='#f0f0f0'>";
                for($_i=0;$_i<$_res->field_count;$_i++) {
                     $_f = $_res->fetch_field_direct($_i);
                     echo "<td>" . $_f->name . "</td>";
                }
                echo "</tr>";
                // Agora o resultado
                while($_row=$_res->fetch_assoc()) {
                     echo "<tr>";
                     foreach($_row as $_vlr) {
                          echo "<td>$_vlr</td>";
                     }
                     echo "</tr>";
                }
                echo "</table>";
          }
       }
    }
?>
```

1 Registro(s) incluido(s) com Sucesso
1 Registro(s) incluido(s) com Sucesso
A consulta retornou 2 registro(s)

| nome | endereco | bairro | cep | cidade | estado | email |
|---|---|---|---|---|---|---|
| Darci F.Soares | Rua X n 10 | Bairro 1 | 011900-900 | cidade 1 | SP | darci@walace.com.br |
| Elza M.S.Soares | Rua XXY n 125 | Bairro Y | 011800-800 | cidade 2 | RJ | elza@walace.com.br |

1 Registro(s) alterado(s)
A consulta retornou 2 registro(s)

| nome | endereco | bairro | cep | cidade | estado | email |
|---|---|---|---|---|---|---|
| Darci F.Soares | Rua X n 10 | Bairro 1 | 011900-900 | cidade 1 | SP | darci@walace.com.br |
| Elza M.S.Soares | Rua XXY n 125 | Bairro Y | 011800-800 | cidade 2 | PR | elza@walace.com.br |

Figura 8.11 - Exemplo de integração com Banco de dados MySQL.

Note que, para obtermos o nome da coluna, utilizamos o atributo field_count e o método fetch_field_direct, o qual retorna um objeto cujos atributos são informações da coluna, sendo que um desses atributos é name, o qual contém o nome da coluna na tabela.

## 8.9.3 Exemplo prático

Agora que temos as ferramentas necessárias para o gerenciamento de um banco de dados MySQL, vamos aplicá-las na prática. Para isso utilizaremos o formulário criado anteriormente para o cadastro de usuários.

O que faremos agora é incluir o usuário informado na tabela *usuarios*. Para isso alteraremos o programa cadastro_usuarios.php e incluiremos a rotina de conexão com o banco de dados e a rotina de inclusão dos dados do usuário.

O programa terá o seguinte formato após a inclusão dos comandos necessários para a integração com o banco de dados:

```php
<?php
// Cadastro de usuários
// Versão 1.0

$erro = Array(); // Array com os erros encontrados
// Vamos verificar se existe algum campo não informado
foreach($_POST as $chv => $vlr) {
   if($vlr=="") {
      $erro[] = "O campo {$chv} Não foi informado";
   } elseif(strlen($vlr)<2) {
      $erro[] = "Campo {$chv} muito curto, deve ter pelo menos 2 caracteres";
   }
}
if(sizeof($erro)==0) {
   // Executar a inclusão na tabela usuarios
   $_con  = new mysqli("localhost","root","root","exemplo");
   if($_con->connect_error) {
      echo "Não foi possível conectar ao MySQL. Erro #" .
      $_con->connect_errno . " : " . $_con->connect_error;
      exit;
   }
   $_sql = "INSERT INTO usuarios (nome,endereco,bairro,cep,cidade,estado,email) VALUES";
   $_sql .= "('{$_POST['NOME']}','{$_POST['ENDERECO']}','{$_POST['BAIRRO']}','{$_POST['CEP']}',";
   $_sql .= "'{$_POST['CIDADE']}','{$_POST['ESTADO']}','{$_POST['EMAIL']}')";
   $_res = $_con->query($_sql);
   if($_res===FALSE) {
      echo "Erro na inclusão do usuário ... " . $_con->error . "<br/>{$_sql}";
      die();
   } else {
      echo    $_con->affected_rows . " Registro(s) incluído(s) com Sucesso<br/>";
   }
   // Tudo Ok, mostramos os dados
   echo '<p><font color="navy"><b>';
   echo 'Dados informados no Cadastro:</b></font></p>';
   echo '<table border=0 cellpadding=5 cellspacing=5>';
   foreach($_POST as $chv => $vlr) {
      echo "<tr><td>" . ucwords(strtolower($chv)) . "</td> ";
      echo "<td><b>" . $vlr . "</b></td></tr>\n";
   }
```

```
      echo '<tr><td height=40 valign="bottom"><b>Obrigado!</td></tr>';
      echo '</table>';
   }
   else {
      // Mensagem de erro
      echo '<p align="center"><font color="red"><b>';
      foreach($erro as $vlr) {
         echo "$vlr<br>";
      }
      echo '</b></font>';
      echo "<a href='cadastro_usuario.html'>Voltar</a></p>";
   }
?>
```

O PHP mantém o formato dos nomes dos campos do jeito que foi definido no formulário HTML, ou seja, se o nome do campo for informado em maiúsculas, ele será mantido na variável global $_POST. É recomendável que seja definido um padrão, evitando, assim, erros no processamento de formulários.

### Vamos recapitular?

Neste capítulo tivemos contato com o PHP, seus conceitos básicos, elementos da linguagem, integração com HTML, manipulação de imagens e arquivos.

Também aprendemos como conectar um banco de dados MySQL e os comandos necessários para o gerenciamento do banco de dados.

Finalmente, juntamos tudo que aprendemos para integrar um formulário HTML com o banco de dados.

### Agora é com você!

1) Pesquise no manual do PHP e explique o resultado do comando time.

2) Qual o resultado do programa (dica: pesquise no manual do PHP sobre argumentos passados por referência)?

```
<?php
$_num = 10;
function cubo(&$n) {
}
function quadrado(&$n) {
}
echo cubo($_num);
?>
```

Linguagem PHP

117

3) Utilizando os recursos de imagem do PHP, desenvolva um programa que mostre um gráfico de barras, conforme os dados a seguir:

| Mês | Valor |
|---|---|
| 1 | 150 |
| 2 | 270 |
| 3 | 120 |
| 4 | 200 |
| 5 | 80 |
| 6 | 130 |

O gráfico deverá ter o formato próximo a:

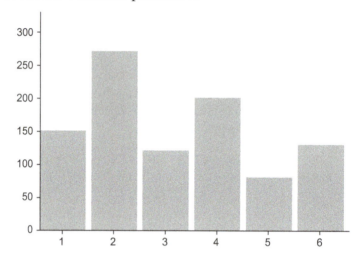

4) Desenvolva um programa PHP que leia o conteúdo do manual do PHP para o comando date (http://docs.php.net/manual/pt_BR/function.date.php) e exiba seu conteúdo no browser.

5) Altere o cadastro de usuários e inclua:

a) O campo data de nascimento: DATANASC (lembre-se de que você precisa criar campo na tabela).

b) Validação por JavaScript dos campos do formulário, considerando que nenhum campo pode ser deixado em branco.

c) Validar o tamanho máximo dos campos (conforme o que foi definido na tabela).

# 9

# Estudos de Caso

**Para começar**

O objetivo deste capítulo é o desenvolvimento de algumas aplicações web, utilizando o conhecimento que adquirimos até agora.

Desenvolveremos três estudos de caso: cadastro de clientes, controle de finanças e controle de estoque.

## 9.1 Cadastro de clientes

Na maioria dos websites, precisaremos de um cadastro de clientes para gerenciamento de vendas de mercadorias ou serviços. Construiremos um cadastro básico com os dados mais comuns de clientes. Nossa tabela de clientes precisará dos seguintes campos:

| Campo | Tipo | Descrição |
|---|---|---|
| cliente_codigo | Int | Código interno do cliente |
| cliente_nome | varchar(30) | Nome do cliente |
| cliente_cpf | varchar(15) | Número do CPF |
| cliente_rg | varchar(20) | Número do RG |
| cliente_nasc | Date | Data de nascimento |
| cliente_endereco | varchar(40) | Endereço |
| cliente_end_numero | Int | Número da residência |

| Campo | Tipo | Descrição |
|---|---|---|
| cliente_end_complemento | varchar(30) | Complemento do endereço |
| cliente_bairro | varchar(30) | Bairro |
| cliente_cep | varchar(10) | CEP |
| cliente_cidade | varchar(30) | Cidade |
| cliente_uf | char(2) | Estado (sigla) |
| cliente_tel | varchar(20) | Telefone |
| cliente_cel | varchar(20) | Celular |
| cliente_email | varchar(120) | Endereço de email |

Utilizaremos como chave primária (PK) o campo cliente_codigo, ou seja, este campo deverá ser único. O preenchimento deste campo deverá ser automático e para isso utilizaremos na definição do campo o conceito de autoincremento, ou seja, o próprio MySQL cuidará de garantir a unicidade dos valores armazenados nesse campo. No MySQL o preenchimento automático é definido pelo atributo AUTO_INCREMENT na definição do campo.

O comando SQL necessário para criar essa tabela no MySQL é:

```
create table cliente (
cliente_codigo      Int     not null auto_increment,
cliente_nome varchar(30),
cliente_cpf  varchar(15),
cliente_rg   varchar(20),
cliente_nasc Date,
cliente_endereco    varchar(40),
cliente_end_numero  Int,
cliente_end_complemento    varchar(30),
cliente_bairro      varchar(30),
cliente_cep  varchar(10),
cliente_cidade      varchar(30),
cliente_uf   char(2),
cliente_tel  varchar(20),
cliente_cel  varchar(20),
cliente_email varchar(120),
primary key(cliente_codigo)
);
```

Utilize o phpMyAdmin para criar a tabela.

O cadastro de clientes, assim como qualquer outro cadastro, deverá dispor das seguintes opções:

1) Listagem dos clientes cadastrados.
2) Inclusão de um novo cliente.
3) Alteração de um cliente existente.
4) Consulta dos dados do cliente.
5) Exclusão de um cliente existente.

Para que não seja necessário repetir o código de conexão ao banco de dados, criaremos uma rotina de conexão, armazenando-a em um arquivo separado, o qual poderá ser incluído em qualquer programa que precise da conexão.

```php
<?php
function conectaBD($_srv='localhost',$_usr='root',$_snh='root',$_bd='exemplo') {
   $_con  = new mysqli($_srv,$_usr,$_snh,$_bd);
   if($_con->connect_error) {
      die("Não foi possível conectar ao MySQL. Erro #" .
      $_con->connect_errno . " : " . $_con->connect_error);
   }
   return $_con;
}
?>
```

Salvaremos esse código no arquivo configbd.php. A conexão com o banco de dados será feita por meio da inclusão desse arquivo e da chamada à função conectaBD(). Veja um exemplo:

```php
<?php
include_once('configbd.php');
$_con = conectaBD();
?>
```

A chamada à função sem qualquer argumento faz que o banco de dados *exemplo* seja conectado. Se desejarmos conectar a outro banco, basta informarmos os parâmetros referentes ao banco de dados desejado.

Nosso próximo passo será criar o programa que lista os clientes cadastrados e disponibiliza as opções de inclusão, alteração, consulta e exclusão de clientes. Mostraremos na lista apenas os dados básicos do cliente: código, nome, CPF, telefone e email. Chamaremos este primeiro programa de lista_clientes.php. O código será:

```php
<?php
/*
Programa:     lista_clientes.php
Descrição:    Listagem de Clientes
Autor:        Walace Soares
Versão:            1.0
*/

// inclusão do arquivo de conexão ao BD
include_once('configbd.php');

// Conexão ao BD Exemplo
$_con = conectaBD();

// Listar clientes
$_sql = "SELECT cliente_codigo,cliente_nome,cliente_cpf,cliente_tel,cliente_email FROM cliente";
$_res = $_con->query($_sql);
if($_res===FALSE) {
   die("Erro na consulta... " . $_con->error . "<br/>");
} else {
   // Listar os clientes
   $_nr = $_res->num_rows;
   echo "<html>
      <head>
            <style>
            .cabecalho { padding:0px 5px 0px 5px;border: 1px solid #c0c0c0;
                         border-collapse: collapse;background-color:#84C1FF;}
            .detalhe { background-color:white;}
            a { text-decoration:none; color: Navy; }
            a:hover { color: red; font-size: 110%; }
            </style>
      </head>
```

```php
        <body width=600>
        <div style='width:100%;text-align:center;color:Navy;font-weight:bold;'>
            Cadastro de Clientes</div>";
    echo (int) $_nr . " Cliente(s) cadastrado(s)<br/>";
    if($_nr>0) {
        echo "<table border=0 style='width:100%;padding:0px 15px 0px 15px;
            border: 1px solid #c0c0c0;border-collapse: collapse;'>";
        // Cabeçalho da lista
        echo "<tr>";
        echo "<td class='cabecalho' style='text-align:right;'>Código</td>
            <td class='cabecalho' style='text-align:left;'>Nome</td>
            <td class='cabecalho' style='text-align:right;'>CPF</td>
            <td class='cabecalho' style='text-align:left;'>Telefone</td>
            <td class='cabecalho' style='text-align:left;'>Email</td>
            <td class='cabecalho' style='text-align:left;'>Opções</td>";
        echo "</tr>";
        // Clientes
        while($_row=$_res->fetch_assoc()) {
            $_alt = "<a href='cad_clientes.php?opc=A& cliente_codigo={$_row['cliente_codigo']}'>
                Alterar</a>";
            $_con = "<a href='cad_clientes.php?opc=C&cliente_codigo={$_row['cliente_codigo']}'>
                Consultar</a>";
            $_exc = "<a href='cad_clientes.php?opc=E&cliente_codigo={$_row['cliente_codigo']}'>
                Excluir</a>";
            echo "<tr>";
            echo "<td class='cabecalho detalhe' style='text-align:right;'>
                    {$_row['cliente_codigo']}</td>
                <td class='cabecalho detalhe' style='text-align:left;'>
                    {$_row['cliente_nome']}</td>
                <td class='cabecalho detalhe' style='text-align:right;'>
                    {$_row['cliente_cpf']}</td>
                <td class='cabecalho detalhe' style='text-align:left;'>
                    {$_row['cliente_tel']}</td>
                <td class='cabecalho detalhe' style='text-align:left;'>
                    {$_row['cliente_email']}</td>
                <td class='cabecalho detalhe' style='text-align:left;'>
                    {$_alt} {$_con} {$_exc}</td>";
            echo "</tr>";
        }
        echo "</table>";
    }
    // opção de inclusão de um novo cliente
    echo "<br><br><div align='center'><a href='cad_clientes.php?opc=I'> Incluir </a></div>";
}
?>
```

Note que primeiro conectamos o banco de dados por meio da chamada à função conectaBD, depois o programa lista os clientes existentes e no final disponibiliza a opção de inclusão de um novo cliente. Ao listar os clientes, o programa disponibiliza as opções de alteração, consulta e exclusão do cliente. Veja ainda que todas as opções apontam para um mesmo programa, cad_clientes.php. O que alterará o comportamento do programa será a opção enviada no link (a qual recuperaremos por meio da variável global $_GET).

O resultado será algo parecido com o mostrado na Figura 9.1.

Antes de desenvolvermos o programa cad_clientes.php, precisaremos generalizar o JavaScript que desenvolvemos anteriormente para validação dos campos de um formulário. A generalização é simples. Precisaremos alterar a função validaform para que aceite como argumentos os valores para campos e max. Além disso, precisaremos retirar a chamada à função validadata, pois, via de regra, a função de validação não sabe quais campos são do tipo data (podemos ter mais de um). Finalmente

**Cadastro de Clientes**

2 Cliente(s) cadastrado(s)

| Código | Nome | CPF | Telefone | Email | Opções |
|---|---|---|---|---|---|
| 1 | José de G.A.Silva | 1111111111 | (15) 3999-9901 | jose.silva@exemplo.com.br | Alterar Consultar Excluir |
| 2 | Carlos T.A.Santos | 2222222222 | (27) 3000-0001 | carlos.t.a@teste.com.br | Alterar Consultar Excluir |

Incluir

Figura 9.1 - Lista de Clientes.

alteraremos a função validadata para aceitar o nome do campo de data como argumento de chamada da função. Dessa forma, teremos:

```
var msg = '';

function validatexto(c,max,ex) {
   if(c.value.length==0) {
      var m = c.id + ' Não pode ser deixado em branco';
      if(ex==true) {
       alert(m);
      } else {
       msg += m + '\n';
      }
      return false;
   }
   if(c.value.length>max) {
      var m = c.id + ' Não pode ter mais que ' + max + ' caracteres';
      if(ex==true) {
       alert(m);
      } else {
       msg += m + '\n';
      }
      return false;
   }
   return true;
}

function validadata(el,ex) {
    var data = document.getElementById(el).value;
    var dia = data.substring(0,2);
    var mes = data.substring(3,5);
    var ano = data.substring(6,10);

    //Criando um objeto Date usando os valores ano, mes e dia.
    var novaData = new Date(ano,(mes-1),dia);

   if((parseInt(dia,10)!=parseInt(novaData.getDate()))||
      (parseInt(mes,10)!=parseInt(novaData.getMonth())+1)||
      (parseInt(ano)!=parseInt(novaData.getFullYear()))) {
      if(ex==true) {
       alert('Data Inválida');
      } else {
       msg = msg + 'Data inválida \n';
      }
      return false;
   }
   return true;
}

function validaform(campos,max) {
   msg = '';
```

Estudos de Caso

```
      var res      = true;
      for(var i =0;i<campos.length;i++) {
        var el = document.getElementById(campos[i]);
        if(validatexto(el,max[i],false)==false) {
          res = false;
        }
      }
      return res;
    }
```

Salvaremos esse código JavaScript no arquivo validaform.js.

Alguns pontos importantes de que precisaremos no programa acabado:

1) Desenvolver a função de validação do formulário. Esta função precisa determinar os campos que serão validados e o tamanho máximo de cada um (mesmo que utilizemos o argumento maxlength no marcador input, é interessante deixar a validação em tamanho máximo). Será necessário ainda validar o campo data de nascimento. A função, que chamaremos de valida_cadastro, em JavaScript será:

```
function valida_cadastro() {
    var campos = Array('cliente_nome','cliente_cpf','cliente_rg',
                       'cliente_endereco','cliente_end_numero',
                       'cliente_end_complemento','cliente_bairro',
                       'cliente_cep','cliente_cidade','cliente_tel',
                       'cliente_cel',
                       'cliente_email');
    var max = Array(30,11,15,30,4,30,25,9,30,15,15,60);
    var res = validaform(campos,max);
    if(validadata('cliente_nasc',false)==false) {
          res = false;
    }
    if(res==false) {
          alert(msg);
    }
    return res;
};
```

2) Somente nas opções A-Alterar e I-Incluir, o formulário estará disponível para entrada de dados. Nas demais funções, C-Consultar e E-Excluir, teremos apenas a exibição dos dados existentes. Para desabilitar a entrada de dados, utilizaremos o argumento disabled no marcador input do formulário. Veja um exemplo:

```
echo "<td class='label'>Email:</td><td><input class='input' id='cliente_email' size=30 maxlength=120 ";
if($_opc!=='I') {
    echo "value='{$_row['cliente_email']}'";
    if($_opc!='A') {
          echo ' disabled ';
    }
}
```

3) Com exceção da opção I-Incluir, exibiremos os dados já existentes do cliente, ou seja, precisaremos realizar a busca dos dados na tabela de clientes.

```
if($_opc!='I') {
    $_sql = "SELECT * FROM cliente WHERE cliente_codigo={$_GET['cliente_codigo']}";
    if(($_res=$_con->query($_sql))===false) {
```

```
            die("Erro na Busca do Cliente.. <a href=\"lista_clientes.php\">
                Clique aqui para retornar</a>");
    }
    $_row = $_res->fetch_assoc(); // Dados atuais..
}
```

4) O campo cliente_nasc, data de nascimento, é armazenado no formato aaaa-mm-dd e antes de exibi-lo é necessário transformá-lo no formato dd-mm-aaaa. Uma das formas de realizar a conversão é:

```
$_data = $_row['cliente_nasc']; // retorna do banco no formato aaaa-mm-dd
echo "value='" . substr($_data,-2,2) . "/" . substr($_data,5,2) . "/" .
substr($_data,0,4) . "'";
```

5) O campo cliente_uf, sigla do estado do cliente, será apresentado como uma lista.

```
$_ufs = Array("AC"=>"Acre", "AM"=>"Amazonas","BA"=>"Bahia","CE"=>"Ceará",
              "DF"=>"Distrito Federal","ES"=>"Espírito Santo",
              "GO"=>"Goiás","MA"=>"Maranhão","MG"=>"Minas Gerais",
              "MT"=>"Mato Grosso","MS"=>"Mato Grosso do Sul",
              "RJ"=>"Rio de Janeiro","SP"=>"São Paulo","PA"=>"Pará",
              "PB"=>"Paraíba","PE"=>"Pernambuco",
              "PR"=>"Paraná","RN"=>"Rio Grande do Norte",
              "RO"=>"Rondônia","RR"=>"Roraima","RS"=>"Rio Grande do Sul",
              "SC"=>"Santa Catarina","SE"=>"Sergipe","TO"=>"Tocantins");

foreach($_ufs as $_uf=>$_desc) {
    echo "<option value='{$_uf}' ";
    if($_opc!='I'&&$_uf==$_row['cliente_uf']) {
        echo 'SELECTED';
    }
    echo ">{$_desc}</option>";
}
```

6) Além da opção de confirmar a ação (incluir, alterar ou excluir) acrescentaremos um botão para cancelar a ação atual e retornar para a lista de clientes.

```
echo "<tr><td colspan=2></td><td colspan=2 style='text-align:right;'>";
if($_opc!='C') {
    if($_opc=='E') {
        $_classe = 'botao cancelar';
        $_tit = ' Excluir ';
    } else {
        $_classe = 'botao';
        $_tit = ' Gravar ';
    }
    echo "<input class='{$_classe}' type='submit' value=' {$_tit} '>  ";
}
echo "<input class='botao' type='button' value=' Cancelar ' onclick='document.location.href=\"lista_clientes.php\"'></td></tr>";
```

A seguir temos o programa cad_clientes.php completo.

```
<?php
/*
Programa:     cad_clientes.php
Descrição:    Cadastro de Clientes (Inclusão, Alteração, Exclusão e consulta)
Autor:        Walace Soares
Versão:       1.0
*/
```

```php
// inclusão do arquivo de conexão ao BD
include_once('configbd.php');

// Conexão ao BD Exemplo
$_con = conectaBD();

// $_GET['opc'] = I/A/E/C
$_opc = $_GET['opc'];
if($_opc!='I') {
   $_sql = "SELECT * FROM cliente WHERE cliente_codigo={$_GET['cliente_codigo']}";
   if(($_res=$_con->query($_sql))===false) {
      die("Erro na Busca do Cliente.. <a href=\"lista_clientes.php\">Clique aqui para retornar</a>");
   }
   $_row = $_res->fetch_assoc(); // Dados atuais..
}

$_opcoes = Array('I'=>'Inclusão', 'A'=>'Alteração', 'C'=>'Consulta', 'E'=>'Exclusão');

// Exibir o formulário conforme a opção
echo "<html>
    <head>
      <style>
      .label { color: Navy; font-weight: bold; text-align:left;}
      .input { Color: Navy;}
      .botao {border: 1px inset #004080;background-color: #91C8FF; color:white;}
      .botao:hover {color: #004080;background-color:white;}
      .cancelar {border-color:red; background-color:red;color:white;font-weight:bold;}
      a { text-decoration:none; color: Navy; }
      a:hover { color: red; font-size: 110%; }
      </style>
      <script src='validaform.js'></script>
      <script>
      function valida_cadastro() {
           var campos = Array('cliente_nome','cliente_cpf','cliente_rg',
                              'cliente_endereco','cliente_end_numero',
                              'cliente_bairro','cliente_cep','cliente_cidade',
                              'cliente_tel','cliente_cel','cliente_email');
           var max = Array(30,11,15,30,4,30,25,9,30,15,15,60);
           var res = validaform(campos,max);
           if(validadata('cliente_nasc',false)==false) {
               res = false;
           }
           if(res==false) {
               alert(msg);
           }
           return res;
      };
      </script>
    </head>
    <body width=600>
    <div style='width:100%;text-align:center;color:Navy;font-weight:bold;'>Cadastro de Clientes - {$_opcoes[$_opc]}</div>
    <br>
    <table border=0 style='width:100%;padding-left:15px;'>
    <form action='grava_clientes.php?opc={$_opc}' method='post' onsubmit='return valida_cadastro();'>
    ";
// precisamos do código do cliente
if($_opc!='I') {
   echo "<input type='hidden' name='cliente_codigo' value='{$_GET['cliente_codigo']}'>";
}
// demais campos do formulário
echo "<tr>";
echo "<td class='label'>Código do cliente:</td>";
echo "<td class='input'>";
```

```php
if($_opc=='I') {
   echo "(Automático)";
} else {
   echo $_GET['cliente_codigo'];
}
echo "</td>";
echo "<td class='label'>Nome:</td><td><input class='input' id='cliente_nome' name='cliente_nome' size=30 maxlength=30 ";
if($_opc!='I') {
   echo "value='" . utf8_decode($_row['cliente_nome']) . "'";
   if($_opc!='A') {
      echo ' disabled ';
   }
}
echo "></td></tr>";
echo "<tr>";
echo "<td class='label'>CPF:</td><td><input class='input' id='cliente_cpf' name='cliente_cpf' size=15 maxlength=15 ";
if($_opc!='I') {
   echo "value='{$_row['cliente_cpf']}'";
   if($_opc!='A') {
      echo ' disabled ';
   }
}
echo "></td>";
echo "<td class='label'>RG:</td><td><input class='input' id='cliente_rg' name='cliente_rg' size=20 maxlength=20 ";
if($_opc!='I') {
   echo "value='{$_row['cliente_rg']}'";
   if($_opc!='A') {
      echo ' disabled ';
   }
}
echo "></td></tr>";
echo "<tr>";
echo "<td class='label'>Data Nascimento:</td><td><input class='input' id='cliente_nasc' name='cliente_nasc' size=10 maxlength=10 ";
if($_opc!='I') {
   $_data = $_row['cliente_nasc']; // retorna do banco no formato aaaa-mm-dd
   echo "value='" . substr($_data,-2,2) . "/" . substr($_data,5,2) . "/" . substr($_data,0,4) . "'";
   if($_opc!='A') {
      echo ' disabled ';
   }
}
echo "></td>";
echo "<td class='label'>Endereço:</td><td><input class='input' id='cliente_endereco' name='cliente_endereco' size=30 maxlength=40 ";
if($_opc!='I') {
   echo "value='{$_row['cliente_endereco']}'";
   if($_opc!='A') {
      echo ' disabled ';
   }
}
echo "</td></tr>";
echo "<tr>";
echo "<td class='label'>Número:</td><td><input class='input' id='cliente_end_numero' name='cliente_end_numero' size=15 maxlength=5 ";
if($_opc!='I') {
   echo "value='{$_row['cliente_end_numero']}'";
   if($_opc!='A') {
      echo ' disabled ';
   }
}
```

Estudos de Caso

```php
echo "</td>";
echo "<td class='label'>Complemento:</td><td><input class='input' id='cliente_end_complemento' name='cliente_end_complemento' size=30 maxlength=30 ";
if($_opc!='I') {
   echo "value='{$_row['cliente_end_complemento']}'";
   if($_opc!='A') {
      echo ' disabled ';
   }
}
echo "</td></tr>";
echo "<tr>";
echo "<td class='label'>Bairro:</td><td><input class='input' id='cliente_bairro' name='cliente_bairro' size=30 maxlength=30 ";
if($_opc!='I') {
   echo "value='{$_row['cliente_bairro']}'";
   if($_opc!='A') {
      echo ' disabled ';
   }
}
echo "</td>";
echo "<td class='label'>CEP:</td><td><input class='input' id='cliente_cep' name='cliente_cep' size=15 maxlength=10 ";
if($_opc!='I') {
   echo "value='{$_row['cliente_cep']}'";
   if($_opc!='A') {
      echo ' disabled ';
   }
}
echo "</td></tr>";
echo "<tr>";
echo "<td class='label'>Cidade:</td><td><input class='input' id='cliente_cidade' name='cliente_cidade' size=30 maxlength=30 ";
if($_opc!='I') {
   echo "value='" . utf8_decode($_row['cliente_cidade']) . "'";
   if($_opc!='A') {
      echo ' disabled ';
   }
}
echo "</td>";
echo "<td class='label'>UF:</td><td><select class='input' id='cliente_uf' name='cliente_uf' ";
if($_opc!='A'&&$_opc!='I') {
   echo ' disabled ';
}
echo ">";
$_ufs = Array("AC"=>"Acre", "AM"=>"Amazonas","BA"=>"Bahia","CE"=>"Ceará",
              "DF"=>"Distrito Federal","ES"=>"Espirito Santo",
              "GO"=>"Goias","MA"=>"Maranhão","MG"=>"Minas Gerais",
              "MT"=>"Mato Grosso","MS"=>"Mato Grosso do Sul",
              "RJ"=>"Rio de Janeiro","SP"=>"São Paulo","PA"=>"Pará",
              "PB"=>"Paraiba","PB"=>"Paraiba","PE"=>"Pernambuco",
              "PR"=>"Paraná","RN"=>"Rio Grande do Norte",
              "RO"=>"Rodonia","RR"=>"Roraima","RS"=>"Rio Grande do Sul",
              "SC"=>"Santa Catarina","SE"=>"Sergipe","TO"=>"Tocantins");
foreach($_ufs as $_uf=>$_desc) {
   echo "<option value='{$_uf}' ";
   if($_opc!='I'&&$_uf==$_row['cliente_uf']) {
      echo 'SELECTED';
   }
   echo ">{$_desc}</option>";
}
echo "</select></td></tr>";
echo "<tr>";
echo "<td class='label'>Telefone:</td><td><input class='input' id='cliente_tel' name='cliente_tel' size=20 maxlength=20 ";
if($_opc!='I') {
```

```
      echo "value='{$_row['cliente_tel']}'";
      if($_opc!='A') {
         echo ' disabled ';
      }
   }
   echo "</td>";
   echo "<td class='label'>Celular:</td><td><input class='input' id='cliente_cel'
   name='cliente_cel' size=20 maxlength=20 ";
   if($_opc!=='I') {
      echo "value='{$_row['cliente_cel']}'";
      if($_opc!='A') {
         echo ' disabled ';
      }
   }
   echo "</td></tr>";
   echo "<tr>";
   echo "<td class='label'>Email:</td><td><input class='input' id='cliente_email'
   name='cliente_email' size=30 maxlength=120 ";
   if($_opc!=='I') {
      echo "value='{$_row['cliente_email']}'";
      if($_opc!='A') {
         echo ' disabled ';
      }
   }
   echo "</td></tr>";
   echo "<tr><td colspan=2></td><td colspan=2 style='text-align:right;'>";
   if($_opc!='C') {
      if($_opc=='E') {
         $_classe = 'botao cancelar';
         $_tit = ' Excluir ';
      } else {
         $_classe = 'botao';
         $_tit = ' Gravar ';
      }
      echo "<input class='{$_classe}' type='submit' value=' {$_tit} '>  ";
   }
   echo "<input class='botao' type='button' value=' Cancelar ' onclick='document.location.
   href=\"lista_clientes.php\"'></td></tr>";
   echo "</table></form>"; // fim
   if($_opc=='A'||$_opc=='I') {
      echo "<script>document.getElementById('cliente_nome').focus();</script>";
   }
   echo "</body></html>";
?>
```

O resultado deverá ser algo parecido com o mostrado na Figura 9.2.

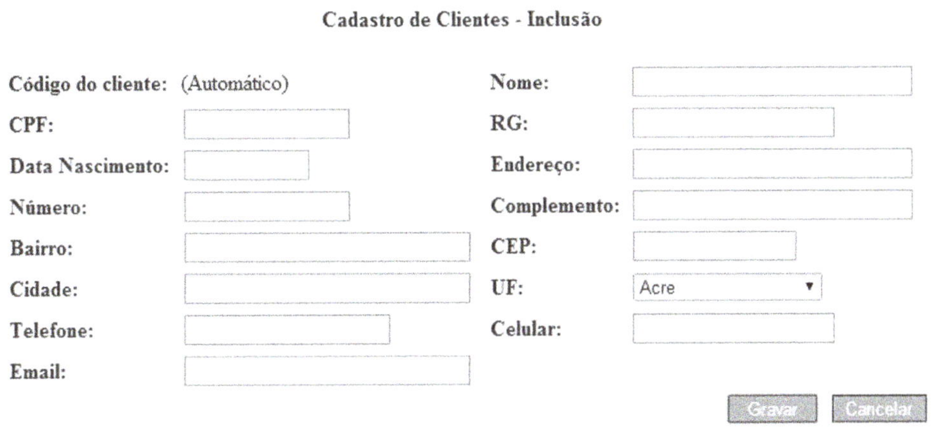

Figura 9.2 - **Formulário para inclusão de cliente.**

Para finalizar, precisaremos desenvolver o programa grava_clientes.php, que será responsável por receber os dados do formulário, realizar a validação final e então executar a ação desejada (inclusão, alteração ou exclusão). Aqui faremos a validação do número informado, garantindo que o valor informado seja numérico e também a validação do CEP, que deverá estar no formato 99999-999. A validação será executada apenas para as operações de inclusão e alteração. Será necessário ainda converter a data para o formato aaaa-mm-dd (operação inversa à executada na exibição dos dados no formulário). Após executar a opção desejada, o programa exibirá uma mensagem de sucesso ou erro, retornando para o formulário em caso de erro ou a lista de clientes em caso de sucesso.

```php
<?php
/*
Programa:       grava_clientes.php
Descrição:      Cadastro de Clientes - Execução da Ação desejada
Autor:          Walace Soares
Versão:         1.0
*/

// inclusão do arquivo de conexão ao BD
include_once('configbd.php');

// Conexão ao BD Exemplo
$_con = conectaBD();

$_opc = $_GET['opc'];
$_cliente = $_POST['cliente_codigo'];
$_ok = false;

if($_opc=='E') {
  // Exclusão
  $_sql = "DELETE FROM cliente WHERE cliente_codigo={$_cliente}";
  if($_con->query($_sql)===false) {
     $_msg = "Erro ao Excluir o cliente...{$_con->error}";
  } else {
     $_msg = "Cliente excluido com sucesso.";
     $_ok = true;
  }
} else {
  // Validar alguns dos campos
  $_num = intval($_POST['cliente_end_numero']);
  if("{$_num}"!="{$_POST['cliente_end_numero']}") {
     // Erro...
     $_msg = "número da residência deve ser numérico";
  } else {
     $_cep = $_POST['cliente_cep'];
     // 99999-999
     $_cep1 = substr($_cep,0,5);
     $_cep2 = substr($_cep,-3,3);
     if((int)$_cep1!=$_cep1||(int)$_cep2!=$_cep2) {
       $_msg = "O CEP informado está formato errado, correto é 99999-999";
     } else {
       $_POST['cliente_cep'] = "{$_cep1}-{$_cep2}";
       // transformar a data para o formato aaaa-mm-dd
       $_data = substr($_POST['cliente_nasc'],-4,4) . "-" .
    substr($_POST['cliente_nasc'],3,2)
                   . "-" . substr($_POST['cliente_nasc'],0,2);
       $_POST['cliente_nasc'] = $_data;
       // vamos gravar...
       $_campos = Array('cliente_nome','cliente_cpf','cliente_rg',
                        'cliente_endereco','cliente_end_numero','cliente_nasc',
                        'cliente_end_complemento','cliente_bairro',
                        'cliente_cep','cliente_cidade','cliente_tel','cliente_cel',
                        'cliente_email');
       $_sql = ($_opc=='A' ? "UPDATE cliente SET " :
```

```php
                    "INSERT INTO cliente(" . implode(",",$_campos) . ") VALUES(");
        $_opr = "";
        foreach($_campos as $_campo) {
            $_opr .= ($_opr!="" ? "," : "");
            if($_opc=='A') {
                $_opr .= "{$_campo}=";
            }
            if($_campo=='cliente_end_numero') {
                $_opr .= $_num;
            } else {
                $_opr .= "'" . utf8_encode($_POST[$_campo]) ."'";
            }
        }
        $_sql .= $_opr;
        if($_opc=='A') {
            $_sql .= " WHERE cliente_codigo={$_cliente}";
        } else {
            $_sql .= ")";
        }
        if($_con->query($_sql)===false) {
            $_msg = "Erro ao gravar dados do Cliente...(opc={$_opc}): {$_con->error}";
        } else {
            $_msg = "Operação Executada com sucesso...";
            $_ok  = true;
        }
    }
}
echo "<html><body><script>alert('{$_msg}');";
if($_ok===true) {
    echo "document.location.href='lista_clientes.php';";
} else {
    echo "window.history.back();";
}
echo "</script></body></html>";
}
?>
```

O resultado deverá ser algo parecido com o mostrado na Figura 9.3.

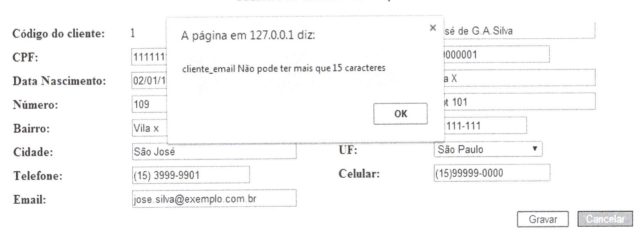

Figura 9.3 - Resultado da operação de alteração.

Estudos de Caso

## 9.2 Controle de finanças

Neste caso, desenvolveremos uma rotina simples para o controle das finanças de uma pessoa. Será necessário criar uma tabela para receber os movimentos financeiros. Essa tabela deverá conter os seguintes campos:

| Campo | Tipo | Descrição |
|---|---|---|
| Data | Date | Data do movimento |
| Sequência | Int | Sequencial do movimento |
| Histórico | Varchar(30) | Descrição do movimento |
| Tipo | Char(1) | E-Entrada / S-Saída |
| Valor | Numeric(12,2) | Valor do movimento |

Utilizaremos como chave primária data e sequência. Crie a tabela com o nome financeiro. Utilize o phpMyAdmin para criar a tabela. O comando SQL necessário é:

```
CREATE TABLE financeiro (
  data date NOT NULL,
  sequencia int(11) NOT NULL AUTO_INCREMENT,
  historico varchar(30) DEFAULT NULL,
  tipo char(1) DEFAULT NULL,
  valor decimal(12,2) DEFAULT NULL,
  PRIMARY KEY (sequencia,data)
) ;
```

Assim como no caso anterior, precisaremos de uma lista de movimentos e rotinas para incluir um novo movimento financeiro e alterar ou excluir um movimento existente.

Para tornar o programa mais útil, acrescentaremos na lista de movimentos um campo virtual para saldo atual, o qual será montado a cada lançamento. Para que funcione corretamente, é necessário que a lista seja ordenada por ordem de data e sequência. O programa lista_financeiro.php terá o seguinte formato:

```php
<?php
/*
Programa:     lista_financeiro.php
Descrição:    movimento financeiro com saldo
Autor:        Walace Soares
Versão:       1.0
*/

// inclusão do arquivo de conexão ao BD
include_once('configbd.php');

// Conexão ao BD Exemplo
$_con = conectaBD();

// Listar clientes
$_sql = "SELECT * FROM financeiro ORDER BY data,sequencia";
$_res = $_con->query($_sql);
if($_res===FALSE) {
   die("Erro na consulta... " . $_con->error . "<br/>");
} else {
```

```php
    // Listar os clientes
    $_nr = $_res->num_rows;
    echo "<html>
        <head>
                <style>
                .cabecalho { padding:0px 5px 0px 5px;border: 1px solid #c0c0c0;
                                border-collapse: collapse;background-color:#84C1FF;}
                .detalhe { background-color:white;}
                a { text-decoration:none; color: Navy; }
                a:hover { color: red; font-size: 110%; }
                </style>
        </head>
        <body width=600>
        <div style='width:100%;text-align:center;color:Navy;font-weight:bold;'>
        Controle de finanças</div>";
    echo (int) $_nr . " Lançamentos<br/>";
    if($_nr>0) {
        echo "<table border=0 style='width:100%;padding:0px 15px 0px 15px;
         border: 1px solid #c0c0c0;border-collapse: collapse;'>";
        // Cabeçalho da lista
        echo "<tr>";
        echo "<td class='cabecalho' style='text-align:left;'>Data</td>
            <td class='cabecalho' style='text-align:left;'>Tipo</td>
            <td class='cabecalho' style='text-align:left;'>Histórico</td>
            <td class='cabecalho' style='text-align:right;'>Valor</td>
            <td class='cabecalho' style='text-align:right;'>Saldo</td>
            <td class='cabecalho' style='text-align:left;'>Opções</td>";
        echo "</tr>";
        // Clientes
        $_saldo = 0.00; // Saldo inicial
        while($_row=$_res->fetch_assoc()) {
          $_alt = "<a href='lanca_movimento.php?opc=A&
                    data={$_row['data']}&sequencia={$_row['sequencia']}'>Alterar</a>";
          $_exc = "<a href='lanca_movimento.php?opc=E&
                    data={$_row['data']}&sequencia={$_row['sequencia']}'>Excluir</a>";
          $_data = $_row['data'];
          $_data = substr($_data,-2,2) . "/" . substr($_data,5,2) . "/" . substr($_data,0,4);
          if($_row['tipo']=='E') {
                $_saldo += $_row['valor'];
          } else {
                $_saldo -= $_row['valor'];
          }
          if($_saldo < 0 ) {
                $_cor = 'red';
          } else {
                $_cor = 'blue';
          }
          echo "<tr>";
          echo "<td class='cabecalho detalhe' style='text-align:left;'>{$_row['data']}</td>
                  <td class='cabecalho detalhe' style='text-align:left;'>" .
                        utf8_decode($_row['tipo']) . "</td>
                  <td class='cabecalho detalhe' style='text-align:left;'>" .
                        utf8_decode($_row['historico']) . "</td>
                  <td class='cabecalho detalhe' style='text-align:right;'>" .
                        number_format($_row['valor'],2,",",".") . "</td>
                  <td class='cabecalho detalhe' style='text-align:right;color:{$_cor}'>" .
                        number_format($_saldo,2,",",".") . "</td>
                  <td class='cabecalho detalhe' style='text-align:left;'>{$_alt} {$_exc}</td>";
          echo "</tr>";
        }
        echo "</table>";
    }
    // opção de inclusão de um novo cliente
    echo "<br><br><div align='center'><a href='lanca_movimento.php?opc=I'> Incluir </a></div>";
}
?>
```

Estudos de Caso

O resultado deverá ser algo parecido com o mostrado na Figura 9.4.

**Controle de finanças**

4 Lançamentos

| Data | Tipo | Histórico | Valor | Saldo | Opções |
|---|---|---|---|---|---|
| 01/01/2014 | E | Primeira Entrada | 1.000,00 | 1.000,00 | Alterar Excluir |
| 02/01/2014 | E | Acerto | 450,00 | 1.450,00 | Alterar Excluir |
| 02/03/2014 | S | Teste de Saída | 1.200,00 | 250,00 | Alterar Excluir |
| 02/03/2014 | S | Gastos | 300,00 | -50,00 | Alterar Excluir |

Incluir

Figura 9.4 - Controle de finanças.

No lançamento de movimento financeiro, precisamos prestar atenção aos campos data, tipo de lançamento e valor. No caso da data, precisamos transformá-la no formato aceito pelo MySQL (aaaa-mm-dd). Com relação ao tipo de lançamento, precisamos verificar se foi definido como entrada ou saída (lembre-se de que o campo não vem com uma opção selecionada). Já no caso do campo valor, precisamos verificar se foi informado um valor válido. Neste caso, utilizaremos o comando is_numeric. O programa grava_financeiro.php ficará como a seguir:

```php
<?php
/*
Programa:       grava_financeiro.php
Descrição:      Controle de finanças - Execução da Ação desejada
Autor:          Walace Soares
Versão:         1.0
*/

// inclusão do arquivo de conexão ao BD
include_once('configbd.php');

// Conexão ao BD Exemplo
$_con = conectaBD();

$_opc = $_GET['opc'];

$_sequencia = $_POST['sequencia'];
$_data =        substr($_POST['data'],-4,4) . "-" . substr($_POST['data'],3,2) . "-" .
      substr($_POST['data'],0,2);

$_ok = false;

if($_opc=='E') {
   // Exclusão
   $_sql = "DELETE FROM financeiro WHERE data=cliente_codigo={$_cliente}";
   if($_con->query($_sql)===false) {
      $_msg = "Erro ao Excluir o cliente...{$_con->error}";
   } else {
      $_msg = "Cliente excluido com sucesso.";
      $_ok = true;
   }
} else {
   // Validar alguns dos campos
   $_valor = str_replace(",",".",$_POST['valor']);
   if(!is_numeric($_valor)) {
      // Erro...
      $_msg = "Valor informado é inválido!";
```

```
    } else {
      if($_POST['tipo']!='E'&&$_POST['tipo']!='S') {
        $_msg = "Favor informar se é Entrada ou Saída";
      } else {
        if($_opc=='I') {
            $_sql = "INSERT INTO financeiro(data,historico,tipo,valor) VALUES(
                    '{$_data}','" . utf8_encode($_POST['historico']) . "',
                    '{$_POST['tipo']}',$_valor)";

        } else {
            $_sql = "UPDATE financeiro SET
                    historico = '" . utf8_encode($_POST['historico']) . "',
                    tipo = '{$_POST['tipo']}', valor = {$_valor}
                    WHERE data='{$_data}' AND sequencia = {$_sequencia}";
        }
        if($_con->query($_sql)===false) {
            $_msg = "Erro ao gravar dados financeiros...(opc={$_opc}): {$_con->error}";
        } else {
            $_msg = "Operação Executada com sucesso...";
            $_ok  = true;
        }
      }
    }
  }
  echo "<html><body><script>alert('{$_msg}');";
  if($_ok===true) {
    echo "document.location.href='lista_financeiro.php';";
  } else {
    echo "window.history.back();";
  }
  echo "</script></body></html>";
}
?>
```

O resultado deverá ser algo parecido com o mostrado na Figura 9.5.

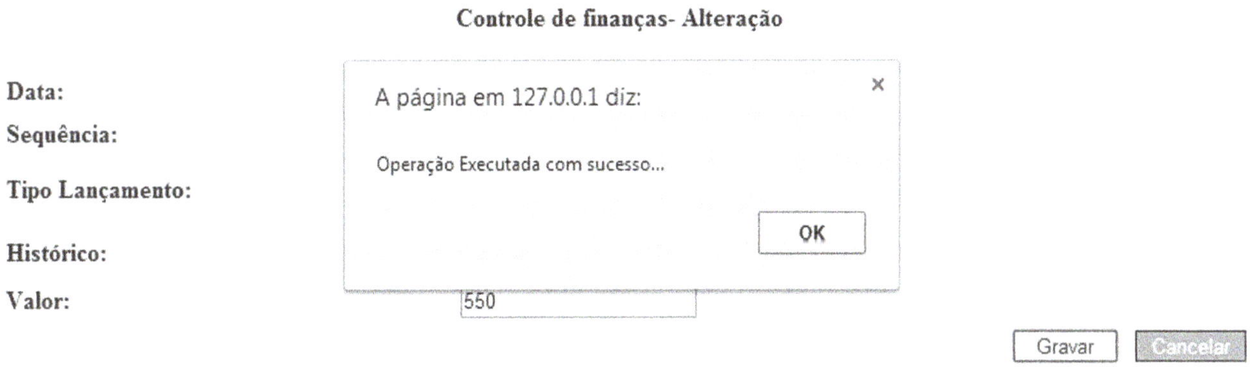

Figura 9.5 - Tela de confirmação do controle de finanças.

## 9.3 Estoque

Agora desenvolveremos um controle de estoque para uma pequena empresa. A ideia é disponibilizar o cadastro de produtos, o cadastro de tipos de movimento, para termos vários tipos de lançamento de entrada e saída e o lançamento das entradas e saídas de estoque.

Serão necessárias as seguintes tabelas:

1) Produtos

   Para o controle de estoque, precisamos criar a tabela de produto com os seguintes campos:

   | Campo | Tipo | Descrição |
   |---|---|---|
   | produto_codigo | varchar(15) | Código do Produto |
   | produto_descricao | varchar(30) | Descrição do Produto |
   | produto_unidade | char(2) | Sigla Unidade de Medida |
   | produto_saldoatual | numeric(10,2) | Saldo Atual do Produto |

   A chave primária deverá ser o campo produto_codigo. O código SQL para criar a tabela é:

   ```sql
   create table produto(
       produto_codigo varchar(15) not null,
       produto_descricao varchar(30),
       produto_unidade char(2),
       produto_saldoatual numeric(10,2),
       primary key (produto_codigo)
   );
   ```

2) Tipos de movimento

   A tabela de tipos de movimento é bem simples. Conterá apenas o código, a descrição e se o tipo de movimento é de entrada ou saída.

   | Campo | Tipo | Descrição |
   |---|---|---|
   | tipo_codigo | Int | Código do Tipo de Movimento |
   | tipo_descricao | varchar(30) | Descrição |
   | tipo_entsai | char(1) | Entrada ou Saída (E/S) |

   Utilizaremos como chave primária o campo tipo_codigo, o qual deverá ser de incremento automático. O código SQL para criar a tabela é:

   ```sql
   create table tipomov (
       tipo_codigo int not null auto_increment,
       tipo_descricao varchar(30),
       tipo_entsai char,
       primary key (tipo_codigo)
   );
   ```

3) Movimento de estoque

   Esta tabela conterá a movimentação de estoque. As informações necessárias à tabela são:

   | Campo | Tipo | Descrição |
   |---|---|---|
   | produto_codigo | Varchar(15) | Código do Produto |
   | mov_data | Date | Data do Movimento |
   | mov_sequencia | Int | Sequência do Lançamento |
   | tipo_codigo | Int | Código do Tipo de Movimento |
   | mov_historico | Varchar(40) | Histórico do Lançamento |
   | mov_documento | Varchar(10) | Documento |
   | mov_quantidade | Numeric(10,2) | Quantidade Movimentada |

   A chave primária será composta por código do produto, data do movimento e sequência do lançamento. O comando SQL para criar essa tabela é:

   ```sql
   create table movimento (
       mov_sequencia int not null auto_increment,
       produto_codigo varchar(15) not null,
       mov_data date not null,
       tipo_codigo int not null,
   ```

```
        mov_historico varchar(40),
        mov_documento varchar(10),
        mov_quantidade numeric(10,2),
        primary key (mov_sequencia,produto_codigo,mov_data)
   );
```

Uma vez que estamos utilizando campos de outras tabelas (produto e tipomov), precisamos garantir a integridade do banco de dados, ou seja, que um produto ou um tipo de movimento não sejam excluídos caso exista movimentação referenciando-os. Para isso será necessário criar chaves estrangeiras na tabela de movimento. O código SQL para executar essa tarefa é:

```
alter table movimento
add index idx_produto (produto_codigo asc);

alter table movimento
add constraint fk_produto
  foreign key (produto_codigo)
  references produto (produto_codigo)
  on delete no action
  on update no action;

alter table movimento add index idx_tipo (tipo_codigo asc);
alter table movimento add constraint fk_tipo
  foreign key (tipo_codigo) references tipomov (tipo_codigo)
  on delete no action
  on update no action;
```

Será necessário termos um pequeno menu com as opções:

1) Cadastro de produtos.

2) Cadastro de tipos de movimento.

3) Lançamento de entradas e saídas.

4) Relatório de saldo de produtos.

Nossa primeira tarefa será criar o programa que mostrará o menu. Este programa é bem simples. O único diferencial é que criaremos um sistema de frames para receber os programas que serão executados. Teremos 2 frames, o primeiro para o menu e o segundo para o programa que será executado. O programa de inicialização do nosso sistema será controle_estoque.html. Seu formato será:

```html
<html>
<body width="1024" marginwidth=10>
<table border=0>
<tr>
   <td valign="top">
      <iframe id="menu" width="200px" height="800px"
      style="border:none;background-color:white;" src="menu.html"></iframe>
   </td>
   <td valign="top">
      <iframe id="corpo" width="1024px" height="800px" style="border:none;"></iframe>
   </td>
</tr>
</table>
</body>
</html>
```

O código HTML com o menu deverá estar no arquivo menu.html. Seu conteúdo será:

```html
<html>
<head>
  <style>
  .cabecalho {font-weight:bold;color:black;border-top: 1px solid #c0c0c0;
             border-bottom:1px solid #c0c0c0;padding-left:7px;}
  ul {position:relative;top:-10px;}
  li {list-style-type:none;position:relative;left:-20px;}
  li:hover {list-style-type:circle;}
  a {text-decoration:none;color:#0080FF;}
  a:hover {color: #0080C0;font-weight:bold;}
  </style>
  <script>
  function executa(url) {
     var p = window.parent;
     p.document.getElementById('corpo').src = url;
  }
  </script>
</head>
<body>
<div class="cabecalho">Cadastro</div>
<ul>
  <li><a href="javascript:executa('lista_produtos.php');">Produtos</a></li>
  <li><a href="javascript:executa('lista_tipos.php');">Tipos de Movimento</a></li>
</ul>
<div class="cabecalho">Movimentação</div>
<ul>
  <li><a href="javascript:executa('lista_movestoque.php');">Entrada/Saída</a></li>
</ul>
<div class="cabecalho">Relatórios</div>
<ul>
  <li><a href="javascript:executa('lista_saldoprodutos.php');">Saldo de Produtos</a></li>
</ul>
</body>
</html>
```

O resultado deverá ser algo parecido com o mostrado na Figura 9.6.

Os programas para cadastro de produtos e unidades de medida seguem o mesmo padrão já utilizado nos exemplos anteriores. Precisamos desenvolver três rotinas:

1) Listagem do cadastro, com opções de incluir, alterar e excluir.

2) Formulário para inclusão, alteração e confirmação de exclusão.

3) Confirmação da ação solicitada, ou seja, gravação da tabela conforme opção selecionada.

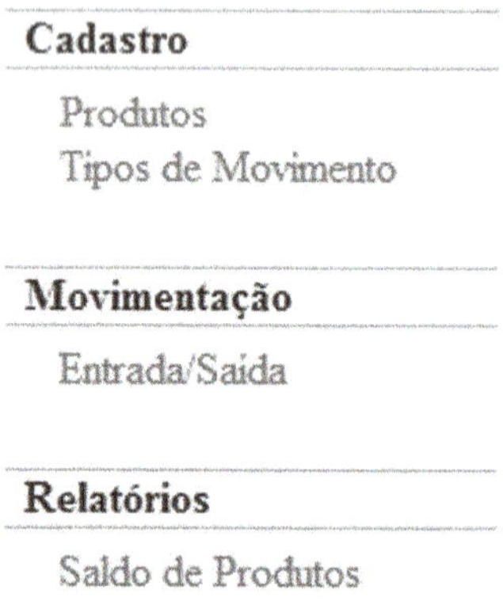

Primeiramente temos os programas necessários para o cadastro de produtos: lista_produtos.php, cad_produtos.php e grava_produtos.php.

**Cadastro**

Produtos
Tipos de Movimento

**Movimentação**

Entrada/Saída

**Relatórios**

Saldo de Produtos

Figura 9.6 - Menu do sistema de controle de estoque.

```php
<?php
/*
Programa:       lista_produtos.php
Descrição:      lista de Produtos
Autor:          Walace Soares
Versão:         1.0
*/

// inclusão do arquivo de conexão ao BD
include_once('configbd.php');

// Conexão ao BD Exemplo
$_con = conectaBD();

// Listar clientes
$_sql = "SELECT * FROM produto";
$_res = $_con->query($_sql);
if($_res===FALSE) {
   die("Erro na consulta... " . $_con->error . "<br/>");
} else {
   // Listar os clientes
   $_nr = $_res->num_rows;
   echo "<html>
      <head>
            <style>
            .cabecalho { padding:0px 5px 0px 5px;border: 1px solid #c0c0c0;
                              border-collapse: collapse;background-color:#84C1FF;}
            .detalhe { background-color:white;}
            a { text-decoration:none; color: Navy; }
            a:hover { color: red; font-size: 110%; }
            </style>
      </head>
      <body width=600>
      <div style='width:100%;text-align:center;color:Navy;font-weight:bold;'>
            Cadastro de Produtos</div>";
   echo (int) $_nr . " Produtos(s) cadastrado(s)<br/>";
   if($_nr>0) {
      echo "<table border=0 style='width:100%;
            padding:0px 15px 0px 15px;border: 1px solid #c0c0c0;border-collapse: collapse;'>";
      // Cabeçalho da lista
      echo "<tr>";
      echo "<td class='cabecalho' style='text-align:left;'>Código</td>
         <td class='cabecalho' style='text-align:left;'>Descrição</td>
         <td class='cabecalho' style='text-align:leftt;'>Unidade</td>
         <td class='cabecalho' style='text-align:right;'>Saldo Atual</td>
         <td class='cabecalho' style='text-align:left;'>Opções</td>";
      echo "</tr>";
      // Produtos
      while($_row=$_res->fetch_assoc()) {
        $_alt = "<a href='cad_produtos.php?opc=A&produto_codigo={$_row['produto_codigo']}'>
               Alterar</a>";
        $_exc = "<a href='cad_produtos.php?opc=E&produto_codigo={$_row['produto_codigo']}'>
               Excluir</a>";
         echo "<tr>";
         echo "<td class='cabecalho detalhe' style='text-align:left;'>" .
               utf8_decode($_row['produto_codigo']) . "</td>
                  <td class='cabecalho detalhe' style='text-align:left;'>" .
                     utf8_decode($_row['produto_descricao']) . "</td>
                  <td class='cabecalho detalhe' style='text-align:left;'>" .
                     utf8_decode($_row['produto_unidade']) . "</td>
                  <td class='cabecalho detalhe' style='text-align:right;'>" .
                     number_format($_row['produto_saldoatual'],2,",",".","") . "</td>
                  <td class='cabecalho detalhe' style='text-align:left;'>{$_alt} {$_exc}</td>";
         echo "</tr>";
      }
```

Estudos de Caso

```
      echo "</table>";
    } else {
      // Vamos executar a inclusão neste caso (nenhum produto cadastrado)
      echo "<script>document.location.href='cad_produtos.php?opc=I';</script>";
    }
    // opção de inclusão de um novo Produto
    echo "<br><br><div align='center'><a href='cad_produtos.php?opc=I'> Incluir </a></div>";
}
?>
```

Note que, caso não exista produto cadastrado, o comportamento foi alterado. Ao invés de mostrar uma lista vazia, o cadastro de um novo produto é exibido. Esse mesmo comportamento será utilizado no cadastro de tipos de movimento.

O resultado deverá ser algo parecido com o mostrado na Figura 9.7.

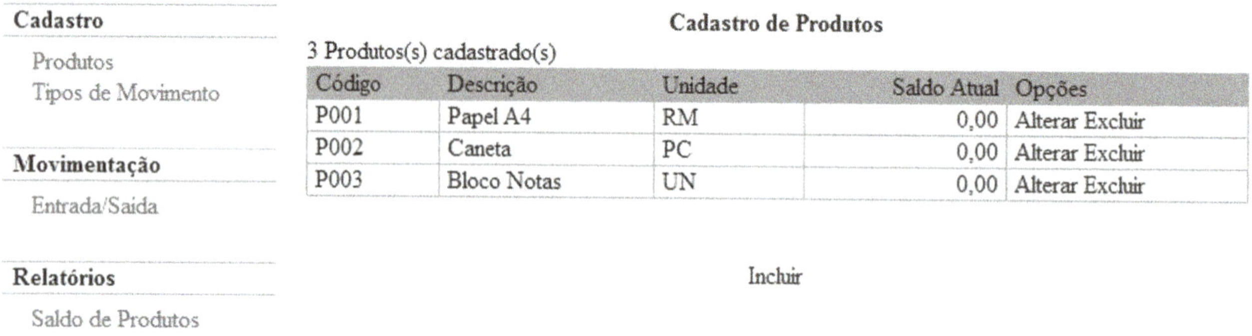

**Cadastro**
Produtos
Tipos de Movimento

**Movimentação**
Entrada/Saída

**Relatórios**
Saldo de Produtos

**Cadastro de Produtos**

3 Produtos(s) cadastrado(s)

| Código | Descrição | Unidade | Saldo Atual | Opções |
|--------|-----------|---------|-------------|--------|
| P001 | Papel A4 | RM | 0,00 | Alterar Excluir |
| P002 | Caneta | PC | 0,00 | Alterar Excluir |
| P003 | Bloco Notas | UN | 0,00 | Alterar Excluir |

Incluir

Figura 9.7 - Cadastro de produtos.

```php
<?php
/*
Programa:       cad_produtos.php
Descrição:      Cadastro de Clientes (Inclusão, Alteração, Exclusão e consulta)
Autor:          Walace Soares
Versão:         1.0
*/

// inclusão do arquivo de conexão ao BD
include_once('configbd.php');

// Conexão ao BD Exemplo
$_con = conectaBD();

// $_GET['opc'] = I/A/E
$_opc = $_GET['opc'];
if($_opc!='I') {
   $_sql = "SELECT * FROM produto WHERE produto_codigo='{$_GET['produto_codigo']}'";
   if(($_res=$_con->query($_sql))===false) {
      die("Erro na Busca do Produto.. <a href=\"lista_produtos.php\">Clique aqui para retornar</a>");
   }
   $_row = $_res->fetch_assoc(); // Dados atuais..
}

$_opcoes = Array('I'=>'Inclusão', 'A'=>'Alteração', 'E'=>'Exclusão');

// Exibir o formulário conforme a opção
echo "<html>
```

```
    <head>
      <style>
      .label { color: Navy; font-weight: bold; text-align:left;}
      .input { Color: Navy;}
      .botao {border: 1px inset #004080;background-color: #91C8FF; color:white;}
      .botao:hover {color: #004080;background-color:white;}
      .cancelar {border-color:red; background-color:red;color:white;font-weight:bold;}
      a { text-decoration:none; color: Navy; }
      a:hover { color: red; font-size: 110%; }
      </style>
      <script src='validaform.js'></script>
      <script>
      function valida_cadastro() {
            var campos = Array('cliente_codigo','prdudo_descricao');
            var max = Array(15,30);
            var res = validaform(campos,max);
            if(res==false) {
                  alert(msg);
            }
            return res;
      };
      </script>
    </head>
    <body width=600>
    <div style='width:100%;text-align:center;color:Navy;font-weight:bold;'>Cadastro de
Produtos - {$_opcoes[$_opc]}</div>
    <br>
    <table border=0 style='width:100%;padding-left:15px;'>
    <form action='grava_produtos.php?opc={$_opc}' method='post'
    onsubmit='return valida_cadastro();'>";
// precisamos do código do produto
if($_opc!='I') {
   echo "<input type='hidden' name='produto_codigo' value='{$_GET['produto_codigo']}'>";
   echo "<tr><td class='label'>Código do Produto:</td><td class='input'>{$_GET['produto_
codigo']}</td></tr>";
} else {
   echo "<tr><td class='label'>Código do Produto:</td>
         <td><input class='input' id='produto_codigo' name='produto_codigo' size=20
maxlength=15 ></td></tr>";
}
echo "<tr>";
echo "<td class='label'>Descrição:</td>
      <td><input class='input' id='produto_descricao' name='produto_descricao' size=30
maxlength=30 ";
if($_opc!='I') {
   echo "value='{$_row['produto_descricao']}'";
   if($_opc!='A') {
      echo ' disabled ';
   }
}
echo "></td></tr>";
echo "<tr>";
echo "<td class='label'>Unidade:</td><td><select class='input' id='produto_unidade'
name='produto_unidade' ";
if($_opc!='A'&&$_opc!='I') {
   echo ' disabled ';
}
echo ">";
$_uns = Array("UN"=>"Unidade", "PC"=>"Peça","KG"=>"Quilo","LT"=>"Litro",
            "RL"=>"Rolo","MT"=>"Metro","FD"=>"Fardo","RM"=>"Resma");
foreach($_uns as $_un=>$_desc) {
   echo "<option value='{$_un}' ";
   if($_opc!='I'&&$_un==$_row['produto_unidade']) {
      echo 'SELECTED';
   }
```

```
      echo ">{$_desc}</option>";
   }
   echo "</select></td></tr>";
   echo "<tr><td colspan=2 style='text-align:right;'>";
   if($_opc!='C') {
      if($_opc=='E') {
         $_classe = 'botao cancelar';
         $_tit = ' Excluir ';
      } else {
         $_classe = 'botao';
         $_tit = ' Gravar ';
      }
      echo "<input class='{$_classe}' type='submit' value=' {$_tit} '>  ";
   }
   echo "<input class='botao' type='button' value=' Cancelar ' onclick='document.location.href=\"lista_produtos.php\"'></td></tr>";
   echo "</table></form>"; // fim
   if($_opc=='A'||$_opc=='I') {
      echo "<script>document.getElementById('cliente_nome').focus();</script>";
   }
   echo "</body></html>";
?>
```

O resultado deverá ser algo parecido com o mostrado na Figura 9.8.

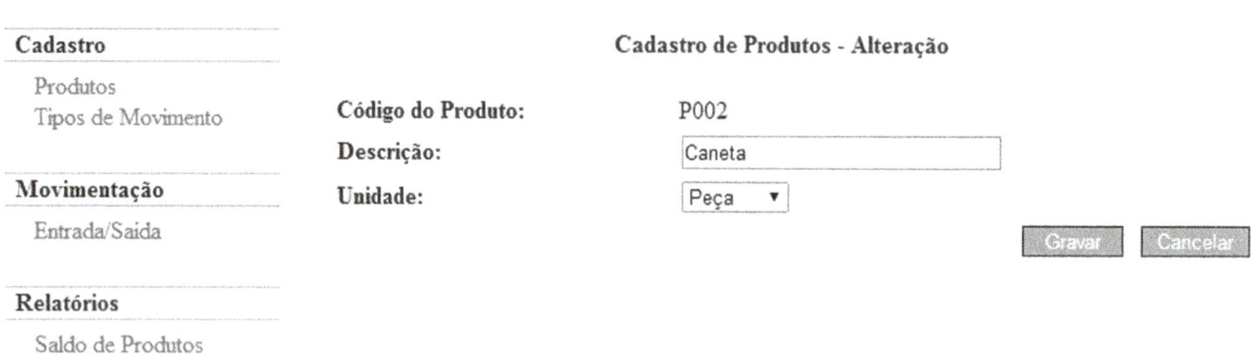

Figura 9.8 - Formulário para manutenção de produtos.

```
<?php
/*
Programa:      grava_produtos.php
Descriação:    Cadastro de Produtos - Execução da Ação desejada
Autor:         Walace Soares
Versão:        1.0
*/

// inclusão do arquivo de conexão ao BD
include_once('configbd.php');

// Conexão ao BD Exemplo
$_con = conectaBD();

$_opc = $_GET['opc'];
$_produto = $_POST['produto_codigo'];
$_ok = false;

if($_opc=='E') {
   // Exclusão
   $_sql = "DELETE FROM produto WHERE produto_codigo='{$_produto}'";
   if($_con->query($_sql)===false) {
      $_msg = "Erro ao Excluir o produto...{$_con->error}";
   } else {
```

```php
        $_msg = "Produto excluido com sucesso.";
        $_ok = true;
    }
} else {
    // vamos gravar...
    $_campos = Array('produto_codigo','produto_descricao','produto_unidade');
    $_sql = ($_opc=='A' ? "UPDATE produto SET " :
        "INSERT INTO produto(" . implode(",",$_campos) . ") VALUES(");
    $_opr = "";
    foreach($_campos as $_campo) {
        $_opr .= ($_opr!="" ? "," : "");
        if($_opc=='A'&&$_campo!='produto_codigo') {
            $_opr .= "{$_campo}=";
        }
        if($_opc=='I'||$_campo!='produto_codigo') {
            $_opr .= "'" . utf8_encode($_POST[$_campo]) ."'";
        }
    }
    $_sql .= $_opr;
    if($_opc=='A') {
        $_sql .= " WHERE produto_codigo='{$_produto}'";
    } else {
        $_sql .= ")";
    }
    if($_con->query($_sql)===false) {
        $_msg = "Erro ao gravar dados do Produto...(opc={$_opc}): {$_con->error}";
    } else {
        $_msg = "Operação Executada com sucesso...";
        $_ok  = true;
    }
}
echo "<html><body><script>alert(\"{$_msg}\");";
if($_ok===true) {
    echo "document.location.href='lista_produtos.php';";
} else {
    echo "window.history.back();";
}
echo "</script></body></html>";
?>
```

Para o cadastro de tipos de movimento, teremos a mesma sequência de programas, ou seja, lista_tipos.php, cad_tipos.php e grava_tipos.php.

```php
<?php
/*
Programa:      lista_tipos.php
Descrição:     lista de Tipos de movimento
Autor:         Walace Soares
Versão:             1.0
*/

// inclusão do arquivo de conexão ao BD
include_once('configbd.php');

// Conexão ao BD Exemplo
$_con = conectaBD();

// Listar clientes
$_sql = "SELECT * FROM tipomov";
$_res = $_con->query($_sql);
if($_res===FALSE) {
    die("Erro na consulta... " . $_con->error . "<br/>");
} else {
    // Listar os clientes
    $_nr = $_res->num_rows;
    echo "<html>
```

```php
    <head>
        <style>
        .cabecalho { padding:0px 5px 0px 5px;border: 1px solid #c0c0c0;
                        border-collapse: collapse;background-color:#84C1FF;}
        .detalhe { background-color:white;}
        a { text-decoration:none; color: Navy; }
        a:hover { color: red; font-size: 110%; }
        </style>
    </head>
    <body width=600>
    <div style='width:100%;text-align:center;color:Navy;font-weight:bold;'>
        Cadastro de Tipos de Movimento</div>";
    echo (int) $_nr . " Tipo(s) cadastrado(s)<br/>";
    if($_nr>0) {
        echo "<table border=0 style='width:100%;padding:0px 15px 0px 15px;
                border: 1px solid #c0c0c0;border-collapse: collapse;'>";
        // Cabeçalho da lista
        echo "<tr>";
        echo "<td class='cabecalho' style='text-align:left;'>Código</td>
            <td class='cabecalho' style='text-align:left;'>Descrição</td>
            <td class='cabecalho' style='text-align:leftt;'>Entrada/Saída</td>
            <td class='cabecalho' style='text-align:left;'>Opções</td>";
        echo "</tr>";
        // Produtos
        while($_row=$_res->fetch_assoc()) {
            $_alt = "<a href='cad_tipos.php?opc=A&tipo_codigo={$_row['tipo_codigo']}'>
                Alterar</a>";
            $_exc = "<a href='cad_tipos.php?opc=E&tipo_codigo={$_row['tipo_codigo']}'>
                Excluir</a>";
            echo "<tr>";
            echo "<td class='cabecalho detalhe' style='text-align:left;'>
                            {$_row['tipo_codigo']}</td>
                    <td class='cabecalho detalhe' style='text-align:left;'>" .
                            utf8_decode($_row['tipo_descricao']) . "</td>
                    <td class='cabecalho detalhe' style='text-align:left;'>
                            {$_row['tipo_entsai']}</td>
                    <td class='cabecalho detalhe' style='text-align:left;'>{$_alt} {$_exc}</td>";
            echo "</tr>";
        }
        echo "</table>";
    } else {
        // Vamos executar a inclusão neste caso (nenhum produto cadastrado)
        echo "<script>document.location.href='cad_tipos.php?opc=I';</script>";
    }
    // opção de inclusão de um novo Produto
    echo "<br><br><div align='center'><a href='cad_tipos.php?opc=I'> Incluir </a></div>";
}
?>
```

Veja o resultado na Figura 9.9.

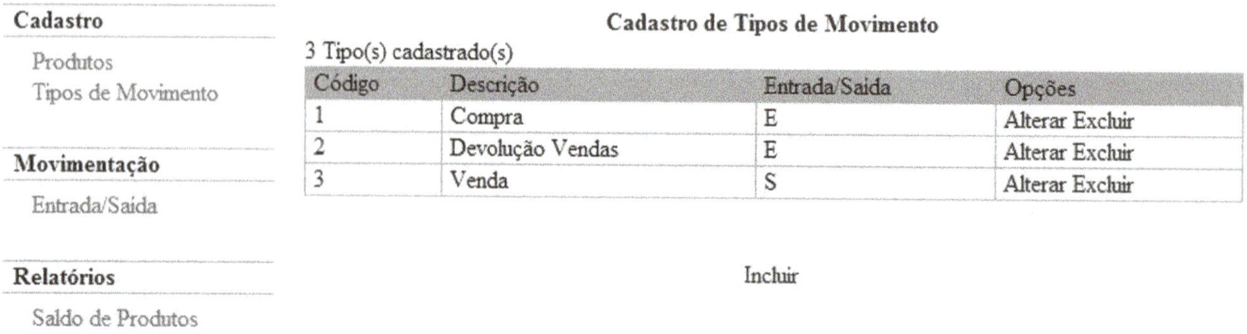

Figura 9.9 - Lista de Tipos de movimento.

```php
<?php
/*
Programa:      cad_tipos.php
Descrição:     Cadastro de Tipos de Movimento (Inclusão, Alteração, Exclusão)
Autor:         Walace Soares
Versão:        1.0
*/

// inclusão do arquivo de conexão ao BD
include_once('configbd.php');

// Conexão ao BD Exemplo
$_con = conectaBD();

// $_GET['opc'] = I/A/E
$_opc = $_GET['opc'];
if($_opc!='I') {
   $_sql = "SELECT * FROM tipomov WHERE tipo_codigo={$_GET['tipo_codigo']}";
   if(($_res=$_con->query($_sql))===false) {
      die("Erro na Busca do Tipo de Movimento.. <a hre=\"lista_tipos.php\">
        Clique aqui para retornar</a>");
   }
   $_row = $_res->fetch_assoc(); // Dados atuais..
}

$_opcoes = Array('I'=>'Inclusão', 'A'=>'Alteração', 'E'=>'Exclusão');

// Exibir o formulário conforme a opção
echo "<html>
     <head>
       <style>
       .label { color: Navy; font-weight: bold; text-align:left;}
       .input { Color: Navy;}
       .botao {border: 1px inset #004080;background-color: #91C8FF; color:white;}
       .botao:hover {color: #004080;background-color:white;}
       .cancelar {border-color:red; background-color:red;color:white;font-weight:bold;}
       a { text-decoration:none; color: Navy; }
       a:hover { color: red; font-size: 110%; }
       </style>
       <script src='validaform.js'></script>
       <script>
       function valida_cadastro() {
              var campos = Array('tipo_descricao');
              var max = Array(30);
              var res = validaform(campos,max);
              if(res==false) {
                     alert(msg);
              }
              return res;
       };
       </script>
     </head>
     <body width=600>
     <div style='width:100%;text-align:center;color:Navy;font-weight:bold;'>
       Cadastro de Tipos de Movimento - {$_opcoes[$_opc]}</div>
     <br>
     <table border=0 style='width:100%;padding-left:15px;'>
     <form action='grava_tipos.php?opc={$_opc}' method='post'
       onsubmit='return valida_cadastro();'>   ";
// precisamos do código do Tipo Mov
```

Estudos de Caso

```php
if($_opc!='I') {
    echo "<input type='hidden' name='tipo_codigo' value='{$_GET['tipo_codigo']}'>";
}
// demais campos do formulário
echo "<tr>";
echo "<td class='label'>Código do Tipo:</td>";
echo "<td class='input'>";
if($_opc=='I') {
    echo "(Automático)";
} else {
    echo $_GET['tipo_codigo'];
}
echo "</td></tr><tr>";
echo "<td class='label'>Descrição:</td><td><input class='input' id='tipo_descricao' name='tipo_descricao' size=30 maxlength=30 ";
if($_opc!='I') {
    echo "value='" . utf8_decode($_row['tipo_descricao']) . "'";
    if($_opc!='A') {
        echo ' disabled ';
    }
}
echo "></td></tr>";
echo "<tr>";
echo "<td class='label'>Entrada/Saída:</td><td>";
echo "<input type='radio' class='input' id='tipo_entsai' name='tipo_entsai' value='E' ";
if($_opc!='I') {
    if($_row['tipo_entsai']=='E') {
        echo " checked ";
    }
    if($_opc!='A') {
        echo ' disabled ';
    }
}
echo "> Entrada<br>";
echo "<input type='radio' class='input' id='tipo_entsai' name='tipo_entsai' value='S' ";
if($_opc!='I') {
    if($_row['tipo_entsai']=='S') {
        echo " checked ";
    }
    if($_opc!='A') {
        echo ' disabled ';
    }
}
echo "> Saída</td>";
echo "<tr><td colspan=2 style='text-align:right;'>";
if($_opc!='C') {
    if($_opc=='E') {
        $_classe = 'botao cancelar';
        $_tit = ' Excluir ';
    } else {
        $_classe = 'botao';
        $_tit = ' Gravar ';
    }
    echo "<input class='{$_classe}' type='submit' value=' {$_tit} '>  ";
}
echo "<input class='botao' type='button' value=' Cancelar '
    onclick='document.location.href=\"lista_tipos.php\"'></td></tr>";
echo "</table></form>"; // fim
if($_opc=='A'||$_opc=='I') {
    echo "<script>document.getElementById('tipo_descricao').focus();</script>";
}
echo "</body></html>";
?>
```

O resultado é apresentado na Figura 9.10.

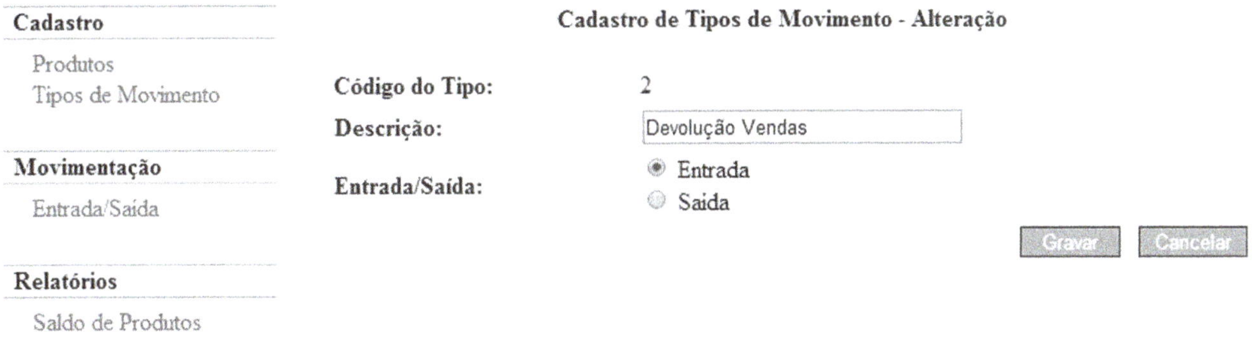

Figura 9.10 - Cadastro de tipo de movimento.

```php
<?php
/*
Programa:      grava_tipos.php
Descrição:     Cadastro de Tipos de Movimento - Execução da Ação desejada
Autor:         Walace Soares
Versão:        1.0
*/

// inclusão do arquivo de conexão ao BD
include_once('configbd.php');

// Conexão ao BD Exemplo
$_con = conectaBD();

$_opc = $_GET['opc'];
$_tipo = $_POST['tipo_codigo'];
$_ok = false;

if($_opc=='E') {
   // Exclusão
   $_sql = "DELETE FROM tipomov WHERE tipo_codigo={$_tipo}";
   if($_con->query($_sql)===false) {
      $_msg = "Erro ao Excluir o Tipo de Movimento ...{$_con->error}";
   } else {
      $_msg = "Tipo de Movimento excluido com sucesso.";
      $_ok = true;
   }
} else {
   // Validar alguns dos campos
   if($_POST['tipo_entsai']!='E'&&$_POST['tipo_entsai']!='S') {
      // Erro...
      $_msg = "Favor informar se o Tipo de movimento é de Entrada ou Saída";
   } else {
      // vamos gravar...
      $_campos = Array('tipo_descricao','tipo_entsai');
      $_sql = ($_opc=='A' ? "UPDATE tipomov SET "
             : "INSERT INTO tipomov(" . implode(",",$_campos) . ") VALUES(");
      $_opr = "";
      foreach($_campos as $_campo) {
         $_opr .= ($_opr!="" ? "," : "");
         if($_opc=='A') {
             $_opr .= "{$_campo}=";
         }
         $_opr .= "'" . utf8_encode($_POST[$_campo]) ."'";
      }
      $_sql .= $_opr;
```

Estudos de Caso

```
        if($_opc=='A') {
          $_sql .= " WHERE tipo_codigo={$_tipo}";
        } else {
          $_sql .= ")";
        }
        if($_con->query($_sql)===false) {
          $_msg = "Erro ao gravar dados do Tipo de Movimento...(opc={$_opc}):
          {$_con->error}";
        } else {
          $_msg = "Operação Executada com sucesso...";
          $_ok  = true;
        }
    }
  }
echo "<html><body><script>alert('{$_msg}');";
if($_ok===true) {
  echo "document.location.href='lista_tipos.php';";
} else {
  echo "window.history.back();";
}
echo "</script></body></html>";
?>
```

Com os cadastros prontos, podemos desenvolver o programa para lançamento de entrada ou saída de estoque e o relatório de saldo de produtos.

No lançamento de entrada ou saída teremos apenas as opções de inclusão e alteração. A opção de alteração disponibilizará apenas os campos de histórico (mov_historico) e documento (mov_documento). Teremos novamente 3 programas: lista_movestoque.php, lanca_movestoque.php e grava_movestoque.php.

```
<?php
/*
Programa:        lista_estoque.php
Descrição:       Lista Movimento de Estoque
Autor:           Walace Soares
Versão:          1.0
*/

// inclusão do arquivo de conexão ao BD
include_once('configbd.php');

// Conexão ao BD Exemplo
$_con = conectaBD();

// Listar Movimento de estoque
$_sql = "SELECT M.*,P.produto_descricao,T.tipo_descricao,T.tipo_entsai FROM movimento M
      LEFT JOIN produto P on M.produto_codigo=P.produto_codigo
      LEFT JOIN tipomov T on M.tipo_codigo=T.tipo_codigo
     ORDER BY mov_data,produto_codigo,mov_sequencia";
$_res = $_con->query($_sql);
if($_res===FALSE) {
  die("Erro na consulta... " . $_con->error . "<br/>");
} else {
  // Listar os clientes
  $_nr = $_res->num_rows;
  echo "<html>
      <head>
          <style>
            .cabecalho { padding:0px 5px 0px 5px;border: 1px solid #c0c0c0;
                       border-collapse: collapse;background-color:#84C1FF;}
            .detalhe { background-color:white;}
```

```php
                    a { text-decoration:none; color: Navy; }
                    a:hover { color: red; font-size: 110%; }
                </style>
        </head>
        <body width=600>
        <div style='width:100%;text-align:center;color:Navy;font-weight:bold;'>
                Controle de Estoque</div>";
    echo (int) $_nr . " Lançamentos<br/>";
    if($_nr>0) {
        echo "<table border=0 style='width:100%;padding:0px 15px 0px 15px;
                border: 1px solid #c0c0c0;border-collapse: collapse;'>";
        // Cabeçalho da lista
        echo "<tr>";
        echo "<td class='cabecalho' style='text-align:left;'>Data</td>
              <td class='cabecalho' style='text-align:left;'>Produto</td>
              <td class='cabecalho' style='text-align:right;'>Sequência</td>
              <td class='cabecalho' style='text-align:left;'>Tipo Mov</td>
              <td class='cabecalho' style='text-align:left;'>E/S</td>
              <td class='cabecalho' style='text-align:right;'>Quantidade</td>
              <td class='cabecalho' style='text-align:left;'>Opções</td>";
        echo "</tr>";
        // Lançamentos
        while($_row=$_res->fetch_assoc()) {
            $_chv = "mov_data={$_row['mov_data']}&produto_codigo={$_row['produto_codigo']}
                     &mov_sequencia={$_row['mov_sequencia']}";
            $_alt = "<a href='lanca_movestoque.php?opc=A&{$_chv}'>Alterar</a>";
            $_con = "<a href='lanca_movestoque.php?opc=C&{$_chv}'>Consultar</a>";
            $_data = $_row['mov_data'];
            $_data = substr($_data,-2,2) . "/" . substr($_data,5,2) . "/" . substr($_data,0,4);
            echo "<tr>";
            echo "<td class='cabecalho detalhe' style='text-align:left;'>{$_data}</td>
                  <td class='cabecalho detalhe' style='text-align:left;'>" .
                  utf8_decode($_row['produto_codigo'] . " - " . $_row['produto_descricao']) .
                  "</td>
                  <td class='cabecalho detalhe' style='text-align:right;'>
                  {$_row['mov_sequencia']}</td>
                  <td class='cabecalho detalhe' style='text-align:left;'>" .
                  utf8_decode($_row['tipo_codigo'] . " - " . $_row['tipo_descricao']) . "</td>
                  <td class='cabecalho detalhe' style='text-align:left;'>
                  {$_row['tipo_entsai']}</td>
                  <td class='cabecalho detalhe' style='text-align:right;'>" .
                  number_format($_row['mov_quantidade'],2,",",".") . "</td>
                  <td class='cabecalho detalhe' style='text-align:left;'>{$_alt} {$_con}</td>";
            echo "</tr>";
        }
        echo "</table>";
    }
    // opção de inclusão de um novo movimento de estoque
    echo "<br><br><div align='center'><a href='lanca_movestoque.php?opc=I'> Incluir </a></div>";
}
?>
```

Note que precisamos buscar a descrição do produto, a descrição do tipo de movimento e se ele é de entrada ou saída. Fizemos isso em um único comando SQL, utilizando a cláusula LEFT JOIN. Veja a seguir. O resultado deverá ser algo parecido com o mostrado na Figura 9.11.

```
$_sql = "SELECT M.*,P.produto_descricao,T.tipo_descricao,T.tipo_entsai FROM movimento M
        LEFT JOIN produto P on M.produto_codigo=P.produto_codigo
        LEFT JOIN tipomov T on M.tipo_codigo=T.tipo_codigo
        ORDER BY mov_data,produto_codigo,mov_sequencia";
```

| Cadastro | | Controle de Estoque | | | | | |
|---|---|---|---|---|---|---|---|
| Produtos | 2 Lançamentos | | | | | | |
| Tipos de Movimento | Data | Produto | Sequência | Tipo Mov | E/S | Quantidade | Opções |
| | 03/03/2014 | P003 - Bloco Notas | 1 | 1 - Compra | E | 1.250,00 | Alterar Consultar |
| Movimentação | 03/03/2014 | P003 - Bloco Notas | 2 | 4 - Venda | S | 57,00 | Alterar Consultar |
| Entrada/Saída | | | | | | | |
| | | Incluir | | | | | |
| Relatórios | | | | | | | |
| Saldo de Produtos | | | | | | | |

Figura 9.11 - Movimentos de estoque.

No lançamento de estoque, teremos a opção de inclusão do movimento ou a alteração dos campos histórico e documento. Precisaremos, ao montar o formulário, buscar os produtos cadastrados e os tipos de movimento disponíveis.

```
<?php
/*
Programa:      lanca_movestoque.php
Descrição:     Lançamento de movimento de Estoque - Inclusão ou Alteração (restrita)
Autor:         Walace Soares
Versão:        1.0
*/

// inclusão do arquivo de conexão ao BD
include_once('configbd.php');

// Conexão ao BD Exemplo
$_con = conectaBD();

// $_GET['opc'] = I/A/C
$_opc = $_GET['opc'];
if($_opc!='I') {
   $_sql = "SELECT * FROM movimento
              WHERE mov_data='{$_GET['mov_data']}' AND
                    produto_codigo='{$_GET['produto_codigo']}' AND
                    mov_sequencia={$_GET['mov_sequencia']} ";
   if(($_res=$_con->query($_sql))===false) {
      die("Erro na Busca do Movimento..<a href='lista_movestoque.php'>Clique aqui para retornar</a>");
   }
   $_row = $_res->fetch_assoc(); // Dados atuais..
}

$_opcoes = Array('I'=>'Inclusão', 'A'=>'Alteração', 'C'=>'Consulta');

// Exibir o formulário conforme a opção
echo "<html>
     <head>
       <style>
       .label { color: Navy; font-weight: bold; text-align:left;}
       .input { Color: Navy;}
       .botao {border: 1px inset #004080;background-color: #91C8FF; color:white;}
       .botao:hover {color: #004080;background-color:white;}
       .cancelar {border-color:red; background-color:red;color:white;font-weight:bold;}
       a { text-decoration:none; color: Navy; }
       a:hover { color: red; font-size: 110%; }
       </style>
       <script src='validaform.js'></script>
       <script>
       function valida_dados() {
            var campos = Array('mov_historico','mov_documento','mov_quantidade');
```

```
                var max = Array(40,10,12);
                var res = validaform(campos,max);
                if(validadata('mov_data',false)==false) {
                    res = false;
                }
                if(res==false) {
                    alert(msg);
                }
                return res;
        };
        </script>
    </head>
    <body width=600>
        <div style='width:100%;text-align:center;color:Navy;font-weight:bold;'>Controle de
Estoque - {$_opcoes[$_opc]}</div>
        <br>
        <table border=0 style='width:100%;padding-left:15px;'>
        <form action='grava_movestoque.php?opc={$_opc}' method='post'
    onsubmit='return valida_dados();'>
";

// demais campos do formulário
echo "<tr>";
echo "<td class='label'>Data:</td>";
echo "<td>";
if($_opc=='I') {
    echo "<input class='input' id='mov_data' name='mov_data' size=10 maxlength=10 value='"
. date("d/m/Y") . "'>"; // Valor padrão
} else {
    $_data = $_row['mov_data']; // retorna do banco no formato aaaa-mm-dd
    echo substr($_data,-2,2) . "/" . substr($_data,5,2) . "/" . substr($_data,0,4);
    echo "<input type='hidden' name='mov_data' value='{$_row['mov_data']}'>";
}
echo "</td></tr><tr>";
// Produto
echo "<td class='label'>Produto:</td><td>";
$_sql = "SELECT produto_codigo,produto_descricao,produto_unidade,produto_saldoatual FROM
produto ";
if($_opc!='I') {
    $_sql .= "WHERE produto_codigo='{$_row['produto_codigo']}' ";
}
$_sql .= "ORDER BY produto_descricao";
if(($_res2=$_con->query($_sql))===false) {
    die("Erro na Busca do Produto..{$_con->error} <a hre='lista_movestoque.php'>Clique
aqui para retornar</a>");
}
if($_opc=='I') {
    echo "<select id='produto_codigo' name='produto_codigo'>";
    while($_prod=$_res2->fetch_assoc()) {
        echo "<option value='{$_prod['produto_codigo']}'>" . utf8_decode($_prod['produto_
descricao']) .
            " - {$_prod['produto_unidade']} - Saldo: " . number_format($_prod['produto_saldo-
atual'],2,",",".") .
            "</option>";
    }
    echo "</select>";
} else {
    $_prod=$_res2->fetch_assoc();
    echo utf8_decode($_prod['produto_descricao']) .     " - {$_prod['produto_unidade']} -
Saldo: " .
        number_format($_prod['produto_saldoatual'],2,",",".");
    echo "<input type='hidden' name='produto_codigo' value='{$_row['produto_codigo']}'>";
}
echo "</td></tr><tr>";
// Sequencia
echo "<td class='label'>Sequência:</td>";
```

```php
echo "<td class='input'>";
if($_opc!='I') {
   echo $_row['mov_sequencia'];
   echo "<input type='hidden' name='mov_sequencia' value='{$_row['mov_sequencia']}'>";
} else {
   echo "(Automática)";
}
echo "</td></tr><tr>";
// Tipo de Movimento
echo "<td class='label'>Tipo de Movimento:</td><td>";
$_sql = "SELECT tipo_codigo,tipo_descricao,tipo_entsai FROM tipomov ";
if($_opc!='I') {
   $_sql .= "WHERE tipo_codigo='{$_row['tipo_codigo']}' ";
}
$_sql .= "ORDER BY tipo_entsai,tipo_descricao";
if(($_res2=$_con->query($_sql))===false) {
   die("Erro na Busca do Tipo de Movimento..{$_con->error} <a hre='lista_movestoque.php'>Clique aqui para retornar</a>");
}
if($_opc=='I') {
   echo "<select id='tipo_codigo' name='tipo_codigo'>";
   while($_tipo=$_res2->fetch_assoc()) {
      echo "<option value='{$_tipo['tipo_codigo']}'>" . utf8_decode($_tipo['tipo_descricao']) .
           " - {$_tipo['tipo_entsai']} </option>";
   }
   echo "</select>";
} else {
   $_tipo=$_res2->fetch_assoc();
   echo utf8_decode($_tipo['tipo_descricao']) . " [{$_tipo['tipo_entsai']}] ";
   echo "<input type='hidden' name='tipo_codigo' value='{$_row['tipo_codigo']}'>";
}
echo "</td></tr><tr>";
echo "<td class='label'>Histórico:</td><td><input class='input' id='mov_historico' name='mov_historico' size=30 maxlength=40 ";
if($_opc!='I') {
   echo "value='" . utf8_decode($_row['mov_historico']) . "'";
   if($_opc!='A') {
      echo ' disabled ';
   }
}
echo "></td></tr><tr>";
echo "<td class='label'>Documento:</td><td><input class='input' id='mov_documento' name='mov_documento' size=30 maxlength=10 ";
if($_opc!='I') {
   echo "value='" . utf8_decode($_row['mov_documento']) . "'";
   if($_opc!='A') {
      echo ' disabled ';
   }
}
echo "></td></tr><tr>";
echo "<td class='label'>Quantidade:</td><td><input class='input' id='mov_quantidade' name='mov_quantidade' size=20 maxlength=12 ";
if($_opc!='I') {
   echo "value='" . number_format($_row['mov_quantidade'],2,",",".") . "' disabled ";
}
echo "></td></tr>";
echo "<tr><td colspan=2 style='text-align:right;'>";
if($_opc!='C') {
   $_classe = 'botao';
   $_tit = ' Gravar ';
   echo "<input class='{$_classe}' type='submit' value=' {$_tit} '>  ";
}
echo "<input class='botao' type='button' value=' Cancelar ' onclick='document.location.href=\"lista_movestoque.php\"'></td></tr>";
echo "</table></form>"; // fim
```

```php
if($_opc=='I') {
   echo "<script>document.getElementById('mov_data').focus();</script>";
} elseif($_opc=='A') {
   echo "<script>document.getElementById('mov_historico').focus();</script>";
}
echo "</body></html>";
?>
```

O resultado será como o mostrado na Figura 9.12.

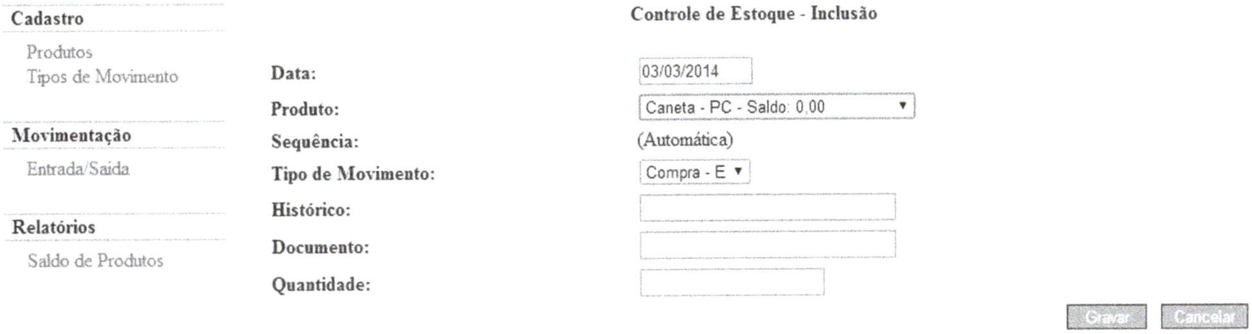

Figura 9.12 - Formulário movimento de estoque.

Na gravação do movimento, precisaremos ajustar o saldo do produto conforme o tipo de movimento informado (somente na inclusão de um movimento). faremos isso logo após gravar o movimento. É necessário ainda validar a quantidade informada.

```php
<?php
/*
Programa:      grava_movestoque.php
Descrição:     Controle de Estoque - Grava movimento de Estoque
Autor:         Walace Soares
Versão:        1.0
*/

// inclusão do arquivo de conexão ao BD
include_once('configbd.php');

// Conexão ao BD Exemplo
$_con = conectaBD();

$_opc = $_GET['opc'];

$_sequencia = $_POST['mov_sequencia'];
$_data = substr($_POST['mov_data'],-4,4) . "-" . substr($_POST['mov_data'],3,2) . "-" .
        substr($_POST['mov_data'],0,2);
$_produto = $_POST['produto_codigo'];

$_ok = false;

if($_opc=='I'||$_opc=='A') {
   // Validar alguns dos campos
   $_qde = str_replace(",",".",$_POST['mov_quantidade']);
   if(!is_numeric($_qde)&&$_opc=='I') {
      // Erro...
      $_msg = "Quantidade informada é inválida!";
   } else {
      if($_opc=='I') {
```

Estudos de Caso

```php
        $_campos = Array('mov_data','produto_codigo','tipo_codigo',
                         'mov_historico','mov_documento','mov_quantidade');
    } else {
        // Na alteração somente histórico e documento podem ser alterados
        $_campos = Array('mov_historico','mov_documento');
    }
    $_sql = ($_opc=='A' ? "UPDATE movimento SET " :
                "INSERT INTO movimento(" . implode(",",$_campos) . ") VALUES(");
    $_opr = "";
    foreach($_campos as $_campo) {
        $_opr .= ($_opr!="" ? "," : "");
        if($_opc=='A') {
            $_opr .= "{$_campo}=";
        }
        if($_campo=='mov_data') {
            $_opr .= "'{$_data}'";
        } elseif($_campo=='mov_quantidade') {
            $_opr .= "{$_qde}";
        } else {
            $_opr .= "'" . utf8_encode($_POST[$_campo]) ."'";
        }
    }
    $_sql .= $_opr;
    if($_opc=='A') {
        $_sql .= " WHERE mov_data='{$_POST['mov_data']}' AND
                         produto_codigo='{$_produto}' AND
                         mov_sequencia={$_sequencia}";
    } else {
        $_sql .= ")";
    }
    if($_con->query($_sql)===false) {
        $_msg = "Erro ao gravar dados do movimento de Estoque...(opc={$_opc}): {$_con->error}";
    } else {
        if($_opc=='I') {
            // Agora precisamos atualizar o Saldo do Produto
            // Precisamos do produto e do tipo de movimento
            $_sql = "SELECT produto_codigo,produto_saldoatual FROM produto
                        WHERE produto_codigo='{$_produto}' ";
            $_res2 = $_con->query($_sql);
            if($_res2===false) {
                die("Erro na Busca do Produto...{$_con->error}");
            }
            $_prod = $_res2->fetch_assoc();
            $_sql = "SELECT tipo_entsai FROM tipomov
                        WHERE tipo_codigo={$_POST['tipo_codigo']}";
            $_res2 = $_con->query($_sql);
            if($_res2===false) {
                die("Erro na Busca do Tipo de Movimento...{$_con->error}");
            }
            $_tipo = $_res2->fetch_assoc();
            // Calcular o Saldo
            $_saldo = $_prod['produto_saldoatual'];
            if($_tipo['tipo_entsai']=='S') {
                $_qde *= -1;
            }
            $_saldo += $_qde;
            $_sql = "UPDATE produto SET produto_saldoatual={$_saldo}
                        WHERE produto_codigo='{$_produto}'";
            $_res2 = $_con->query($_sql);
            if($_res2===false) {
                die("Erro na Atualização do Produto...{$_con->error}");
            }
        }
        $_msg = "Operação Executada com sucesso...";
        $_ok  = true;
    }
```

```php
        }
        echo "<html><body><script>alert(\"{$_msg}\");";
        if($_ok===true) {
            echo "document.location.href='lista_movestoque.php';";
        } else {
            echo "window.history.back();";
        }
        echo "</script></body></html>";
}
?>
```

A última tarefa, para encerrarmos este estudo de caso, é o desenvolvimento do programa com a listagem do saldo dos produtos. Além do saldo atual, incluiremos nessa listagem o acumulado de entradas e saídas e o resultado de entradas menos saídas. Utilizaremos esse saldo calculado para validar o saldo atual que está gravado na tabela de produtos. Desse modo, o relatório servirá para uma conferência do estoque.

```php
<?php
/*
Programa:       lista_saldoprodutos.php
Descrição:      listagem do saldo de Produtos
Autor:          Walace Soares
Versão:         1.0
*/

// inclusão do arquivo de conexão ao BD
include_once('configbd.php');

// Conexão ao BD Exemplo
$_con = conectaBD();

// Listar clientes
$_sql = "SELECT * FROM produto";
$_res = $_con->query($_sql);
if($_res===FALSE) {
    die("Erro na consulta... " . $_con->error . "<br/>");
} else {
    // Listar os Produtos
    $_nr = $_res->num_rows;
    echo "<html>
            <head>
                <style>
                .cabecalho { padding:0px 5px 0px 5px;border: 1px solid #c0c0c0;
                             border-collapse: collapse;background-color:#84C1FF;}
                .detalhe { background-color:white;}
                a { text-decoration:none; color: Navy; }
                a:hover { color: red; font-size: 110%; }
                </style>
            </head>
            <body width=600>
            <div style='width:100%;text-align:center;color:Navy;font-weight:bold;'>
            Saldo de Produtos</div>";
    echo (int) $_nr . " Produtos(s) cadastrado(s)<br/>";
    if($_nr>0) {
        echo "<table border=0 style='width:100%;padding:0px 15px 0px 15px;
                border: 1px solid #c0c0c0;border-collapse: collapse;'>";
        // Cabeçalho da lista
        echo "<tr>";
        echo "<td class='cabecalho' style='text-align:left;'>Código</td>
              <td class='cabecalho' style='text-align:left;'>Descrição</td>
              <td class='cabecalho' style='text-align:leftt;'>Unidade</td>
              <td class='cabecalho' style='text-align:right;'>Entradas</td>
```

Estudos de Caso

```php
            <td class='cabecalho' style='text-align:right;'>Saídas</td>
            <td class='cabecalho' style='text-align:right;'>Saldo Calculado</td>
            <td class='cabecalho' style='text-align:right;'>Saldo Produto</td>
          </tr>";
    // Produtos
    while($_row=$_res->fetch_assoc()) {
      $_sql = "SELECT
                  SUM(CASE WHEN T.tipo_entsai='E' THEN mov_quantidade ELSE 0.00 END) as
                  entradas,
                  SUM(CASE WHEN T.tipo_entsai='S' THEN mov_quantidade ELSE 0.00 END) as
                  saidas
                  FROM movimento M
                      LEFT JOIN tipomov T ON M.tipo_codigo=T.tipo_codigo
                  WHERE produto_codigo='{$_row['produto_codigo']}'";
      $_res2 = $_con->query($_sql);
      if($_res2===false) {
          $_mov = Array();
      } else {
          $_mov = $_res2->fetch_assoc();
      }
      $_scalc = $_mov['entradas'] - $_mov['saidas'];
      $_cor   = ($_scalc==$_row['produto_saldoatual'] ? 'blue' : 'red');
      echo "<tr>";
      echo "<td class='cabecalho detalhe' style='text-align:left;'>" .
              utf8_decode($_row['produto_codigo']) . "</td>
           <td class='cabecalho detalhe' style='text-align:left;'>" .
              utf8_decode($_row['produto_descricao']) . "</td>
           <td class='cabecalho detalhe' style='text-align:left;'>" .
              utf8_decode($_row['produto_unidade']) . "</td>
           <td class='cabecalho detalhe' style='text-align:right;'>" .
                          number_format($_mov['entradas'],2,",",".") . "</td>
           <td class='cabecalho detalhe' style='text-align:right;'>" .
              number_format($_mov['saidas'],2,",",".") . "</td>
           <td class='cabecalho detalhe' style='text-align:right;'>" .
                          number_format($_scalc,2,",",".") . "</td>
           <td class='cabecalho detalhe' style='text-align:right;color:{$_cor}'>" .
              number_format($_row['produto_saldoatual'],2,",",".") . "</td>
          </tr>";
    }

    echo "</table>";
  }
}
?>
```

O resultado deverá ser algo parecido com o mostrado na Figura 9.13.

**Cadastro**
Produtos
Tipos de Movimento

**Movimentação**
Entrada/Saída

**Relatórios**
Saldo de Produtos

**Saldo de Produtos**

3 Produtos(s) cadastrado(s)

| Código | Descrição | Unidade | Entradas | Saídas | Saldo Calculado | Saldo Produto |
|--------|-----------|---------|----------|--------|-----------------|---------------|
| P001 | Papel A4 | RM | 0,00 | 0,00 | 0,00 | 0,00 |
| P002 | Caneta | PC | 0,00 | 0,00 | 0,00 | 0,00 |
| P003 | Bloco Notas | UN | 1250,00 | 57,00 | 1193,00 | 1193,00 |

Figura 9.13 - Listagem do saldo atual de produtos.

## Vamos recapitular?

Neste capítulo colocamos em prática o conhecimento adquirido até o momento e desenvolvemos 3 estudos de caso, cada um com suas peculiaridades. Começamos com um exemplo mais simples, até chegar ao caso mais complexo. O primeiro estudo de caso tratou de um cadastro de clientes, possibilitando o desenvolvimento de uma rotina simples de gerenciamento de cadastros. O segundo estudo de caso foi um pouco mais complexo, exigindo mais conhecimento do PHP e da construção de websites. Já o terceiro e último estudo de caso, o mais complexo dos três, exigiu todo nosso conhecimento aprendido para que fosse possível desenvolver todos os cadastros e rotinas necessárias para o correto funcionamento do sistema criado.

### Agora é com você!

1) Altere a tabela de clientes e inclua uma nova chave para impedir a inclusão de mais de um cliente com o mesmo CPF.

2) No estudo de caso número 1 (cadastro de clientes), altere a validação dos dados e inclua o CPF nessa verificação. Tome por base a seguinte regra para validação do CPF:

O CPF é composto por 11 dígitos, sendo que os 2 últimos são utilizados como dígitos verificadores. Para validar o CPF, precisamos calcular os 2 dígitos verificadores e compará-los com os dois últimos dígitos do CPF informado. O cálculo dos dígitos segue a seguinte lógica:

O cálculo é feito em 2 passos, ambos utilizando o critério módulo 11:

Cálculo 1º dígito:

a) A partir dos primeiros 9 dígitos do CPF informado, multiplicamos cada dígito por um peso específico. Os pesos são: 10, 9, 8, 7, 6, 5, 4, 3, 2. Veja um exemplo:

CPF informado: 123.456.789-xx

Teremos: 1*10 2*9 3*8 4*7 5*6 6*5 7*4 8*3 9*2

b) Somamos o resultado das multiplicações. No caso do exemplo, teremos:

Soma = 1*10 + 2*9 + 3*8 + 4*7 + 5*6 + 6*5 + 7*4 + 8*3 + 9*2= 210

c) Dividimos a soma por 11 e separamos o resto da divisão. No exemplo, teremos:

Resto = 210 % 11 = 1, pois 210 = 19*11 + 1

d) O cálculo do 1º dígito é 11 - Resto, desde que resto seja >=2, caso contrário o resultado deverá ser 0 (zero). No nosso exemplo, temos: resto=1, logo 1º dígito = 0.

Cálculo do 2º dígito:

a) A partir dos primeiros 9 dígitos do CPF informado acrescido do 1º dígito verificador, multiplicaremos cada dígito pelos pesos: 11, 10, 9, 8, 7, 6, 5, 4, 3, 2. No caso do exemplo, teremos:

1*11 2*10 3*9 4*8 5*7 6*6 7*5 8*4 9*3 0*2

b) Somamos o resultado das multiplicações. No caso do exemplo, teremos:

Soma = 1*11 + 2*10 + 3*9 + 4*8 + 5*7 + 6*6 + 7*5 + 8*4 + 9*3 + 0*2 = 255

c) Dividimos a soma por 11 e separamos o resto da divisão. No exemplo, teremos:

Resto = 255 % 11 = 2, pois 255 = 23*11 + 2

d) O cálculo do 2º dígito é 11 - Resto, desde que resto seja >=2, caso contrário o resultado deverá ser 0 (zero). No nosso exemplo, temos: resto=2, logo 2º dígito = 11-2=9

Logo, os dígitos verificadores devem ser '02'.

3) Modifique o lançamento de movimento (lanca_movestoque.php) e inclua o código JavaScript necessário para que o campo mov_quantidade aceite somente números e a vírgula decimal.

# Bibliografia

APACHE FOUNDATION. Download do Servidor Apache. Disponível em: <http://httpd.apache.org/download.cgi>. Acesso em: 25 mar. 2014.

MySQL AB . Documentação. Disponível em: <http://dev.mysql.com/doc/refman/5.5/en/index.html>. Acesso em: 24 mar. 2014.

_____. Download do mysql versão gratuita (community Edition). Disponível em: <http://dev.mysql.com/downloads/mysql/>. Acesso em: 25 mar. 2014.

PHP. Documentation. Disponível em: <http://www.php.net/docs.php>. Acesso em: 25 mar. 2014.

_____. Download do PHP. Disponível em: <http://www.php.net/downloads.php>. Acesso em: 25 mar. 2014.

_____. Download PHP versão Windows. Disponível em: <http://windows.php.net/download/>. Acesso em: 25 mar. 2014.

SOARES, W. **PHP 5:** Conceitos, programação e integração com banco de dados. São Paulo: Érica, 2004.

_____. **Ajax:** Guia prático. São Paulo: Érica, 2006.

_____. **Crie um framework para sistemas web com PHP 5 e Ajax.** São Paulo: Érica, 2009.

W3C. Treinamento sobre CSS. Disponível em: <http://www.w3schools.com/css/default.asp>. Acesso em: 24 mar. 2014.

_____. Treinamento sobre HTML. Disponível em: < http://www.w3schools.com/html/default.asp>. Acesso em: 24 mar. 2014.

_____. Treinamento sobre JavaScript. Disponível em: <http://www.w3schools.com/js/default.asp>. Acesso em: 25 mar. 2014.

# Marcas registradas

Todas os nomes registrados, marcas registradas ou direitos de uso citados neste livro pertencem aos seus respectivos proprietários.